企业、高等学校和科研组织
知识产权管理规范实施手册

章洪流　编著

图书在版编目（CIP）数据

企业、高等学校和科研组织知识产权管理规范实施手册/章洪流编著. —北京：知识产权出版社, 2018.11

ISBN 978-7-5130-5953-4

Ⅰ.①企… Ⅱ.①章… Ⅲ.①知识产权—管理规范—中国—手册 Ⅳ.①D923.4-62

中国版本图书馆 CIP 数据核字（2018）第 255608 号

内容提要

本手册旨在指导企业、高等学校和科研组织等建立知识产权管理体系，做好知识产权认证准备，具体内容包括知识产权认证的基本要求、申请条件、具体审核要求和认证流程，并分别对照条款内容对企业、高等学校、科研组织知识产权管理规范的实施要点进行了解读。

本书可以作为知识产权管理体系认证审核员进行认证审核工作的指导手册。

责任编辑：王祝兰	责任校对：谷 洋
装帧设计：麒麟轩	责任印制：刘译文

企业、高等学校和科研组织知识产权管理规范实施手册
章洪流 编著

出版发行：知识产权出版社有限责任公司	网 址：http://www.ipph.cn
社 址：北京市海淀区气象路 50 号院	邮 编：100081
责编电话：010-82000860 转 8555	责编邮箱：wzl@cnipr.com
发行电话：010-82000860 转 8101/8102	发行传真：010-82000893/82005070/82000270
印 刷：北京嘉恒彩色印刷有限责任公司	经 销：各大网上书店、新华书店及相关专业书店
开 本：720mm×1000mm 1/16	印 张：8.5
版 次：2018 年 11 月第 1 版	印 次：2018 年 11 月第 1 次印刷
字 数：135 千字	定 价：45.00 元

ISBN 978-7-5130-5953-4

出版权专有　侵权必究

如有印装质量问题，本社负责调换。

序 言

党的十九大报告指出，我国经济已由高速增长阶段转向高质量发展阶段，并提出要"倡导创新文化，强化知识产权创造、保护、运用"。为进一步推动我国知识产权事业高质量发展，全面提高创新主体知识产权创造质量、运用效益、保护效果和管理水平，迫切需要我们主动对标高质量发展工作要求，"加强发展战略、规划、政策、标准等制定和实施，加强市场活动监管，加强各类公共服务"，提高知识产权供给质量，增强我国经济发展的质量优势。近年来，国家知识产权局按照知识产权强国建设的战略部署，强化对知识产权标准认证体系建设的统筹规划和顶层设计，充分发挥认证认可制度的市场化、国际化特性，创新知识产权高质量发展机制，把管理体系认证作为推进知识产权领域供给侧结构性改革和"放管服"改革的重要抓手，促进政府职能转变。

自2013年3月《企业知识产权管理规范》国家标准发布实施以来，国家知识产权局启动了企业知识产权管理标准推行工作，并于2015年联合科技部、工业和信息化部、商务部、国家认监委、国家标准委、国防科工局、总装备部等部门印发了《关于全面推行〈企业知识产权管理规范〉国家标准的指导意见》，引导和支持企业贯彻实施国家标准，全面提升我国企业知识产权管理能力。在此基础上，国家知识产权局于2016年底制定实施了《高等学校知识产权管理规范》和《科研组织知识产权管理规范》，实现了主要创新主体知识产权管理规范的"全覆盖"。

在推进企业知识产权标准认证体系建设的过程中，我们牢固树立和贯彻落实新发展理念，坚持质量第一、效益优先，以推进供给侧结构性改革为主线，运用国际先进质量管理标准和方法，积极构建权威公信、科学有效的知识产权管理标准认证体系，对提升企业管理水平、促进产业创新发展、加快培育国际经济竞争新优势具有重要意义。目前，我们还结合近年来我国面向企业、科研院所、高等院校等创新主体开展的知识产权管理国家标准体系建设实践，向国际标准化组织（International Organization for Standardization）创新管理标准化技术委员会提交了知识产权管理新国际标准提案《创新管理－知识产权管理的指南》并获得批准立项。这是中国参与知识产权领域国际标准制定历程中具有里程碑意义的大事，也是国际标准化组织将知识产权管理理念和方法纳入现代创新管理国际标准体系的新突破。

同时，为了进一步规范知识产权标准认证活动，提高知识产权认证有效性，国家知识产权局于今年2月联合国家认监委共同发布了《知识产权认证管理办法》，加强对认证机构事中事后监管，并将认证范围扩展为知识产权管理体系认证和知识产权服务认证。我们将继续出台政策措施，完善激励约束机制，同步推进知识产权管理体系认证和知识产权服务认证，鼓励各类市场主体参与自愿性认证，引导社会各方共建知识产权管理体系，共享知识产权发展成果。

本书的作者章洪流博士作为我国首批知识产权管理体系认证审核员，对数百家企业开展了相关认证审核工作，在实践中积累了丰富的经验。他结合知识产权管理体系认证审核中的具体问题，深入思考，系统总结，在《企业知识产权管理规范》实践基础上，结合知识产权管理实际中遇到的问题，对知识产权管理体系认证基本要求进行了全面细致的解读。尤其值得称赞的是，本书紧扣《企业知识产权管理规范》《高等学校知识产权管理规范》和《科研组织知识产权管理规范》实施要点，结合不同组织对知识产权管理的基本需求，针对不同行业、不同领域、不同规模的企业或组织，对相关标准条款实施进行细化，能够很好地指导各类主体有效开展知识产权管理活动，使建立的知识产权管理体系真正有效运行。

值此付梓之际，我在此表示衷心的祝贺。知识产权管理体系认证实践刚刚起步，任重而道远，需要各方参与主体进行更加深入系统的研究探讨，普及知识产权标准认证知识，传播先进管理方法，更好地弘扬知识产权文化。我也期待越来越多的市场主体能够建立起促进创新发展、提高市场竞争力的知识产权管理体系，充分发挥知识产权制度在促进创新和经济社会发展等方面的重大作用，共同推动高质量发展，让追求卓越、崇尚创新成为全社会、全民族的价值导向和时代精神。

是为序。

国家知识产权局知识产权运用促进司　司长

雷筱云

前　言

知识产权的获取、维护、运用和保护，是企业或其他组织知识产权工作的核心和基石，也是科技创新成果的重要见证，更是维护企业或组织持续发展的根本保障。

国家知识产权局为了推动企业或组织的知识产权系统化、规范化管理，与中国标准化研究院共同起草了《企业知识产权管理规范》（GB/T 29490-2013），由国家质量监督检验检疫总局和国家标准化管理委员会共同发布实施。2015年7月国家知识产权局、科学技术部、工业和信息化部、商务部、国家认证认可监督管理委员会、国家标准化管理委员会、国家国防科技工业局、中国人民解放军总装备部联合制定了《关于全面推行〈企业知识产权管理规范〉国家标准的指导意见》（以下简称《指导意见》）。在各级地方政府的大力支持和推动下，自2014年开始，在全国开展了依据该标准推行的知识产权管理体系认证工作。通过这几年的认证实践，成千上万的企业知识产权管理从中大获其益。在成功推动企业知识产权管理系统化、规范化的基础上，国家知识产权局于2016年12月31日又颁布了《科研组织知识产权管理规范》（GB/T 33250-2016）和《高等学校知识产权管理规范》（GB/T 33251-2016）两个标准，以期更好地推动高等学校和科研组织的知识产权管理体系建设。

编写本手册，主要原因是我们在企业知识产权管理体系认证审核过程中，发现许多企业或辅导机构都想做好贯标这件事情，但总是力不从心，特别是在针对具体条款规定的活动如何实施方面，更是不知从何下手；或者是做了部分工作，但根本不能达到相关条款之目的，结果是事倍功半，从而产生了这些活动增加了工作负担的心理，进而产生抵触情绪。例如，审核《企业知识产权管理规范》6.4"信息收集"，很多企业人员拿出相关课题的信息收集资料及其分析报告，或者专利申请时的检索资料及其分析报告，或者检索了几千篇文献就觉得可以了，但感觉做了很多工作，劳而无功，没有成就感。又如，审核《企业知识产权管理规范》6.1.4"对新入职员工需要作知识产权背景调查"，很多企业人事管理员自己填一份《知识产权背景调查表》，对新入职员工是否涉及知识产权情况一栏都是"无"，也不清楚这项工作该如何去做；结果就有企业新入职的研发人员在研发新产品时使用到以前工作单位的技术成果，导致研发的新产品侵权，预防风险的措施没有发挥作用，表面上看是实施了该条款，事实上却未能规避风险。标准中相关条款规定的活动如何实施是介于相关条款之目的和审核之间的重要环节。

因此，本书的编写主要是基于近年来，在《企业知识产权管理规范》实施运行的基础上，结合相关组织对知识产权管理的基本需求和相关活动开展的必要性，在不同行业、不同领域、不同规模的企业或组织需要加强知识产权系统化和规范化管理的前提下，对相关标准条款的实施直接细化，明确相关活动需要做的具体工作，以及如何开展并形成记录，以证实和促进相关活动的有效开展，从而使建立的知识产权管理体系真正有效运行。希冀对《企业知识产权管理规范》《科研组织知识产权管理规范》和《高等学校知识产权管理规范》各个条款规定的活动明确实施要点，可上承条款之目的，下应审核之证据，有利于企业、科研组织和高等学校更好地建立知识产权管理体系，也有利于服务机构更好地辅导这些组织开展知识产权管理体系建设。

由于时间仓促，加上个人水平有限，本书谬误之处在所难免，恳请读者批评指正。

目　录

第1章　知识产权管理体系认证基本要求 …………………………（1）
　1.1　申请条件 ………………………………………………………（1）
　1.2　审核要求 ………………………………………………………（2）
　1.3　认证流程 ………………………………………………………（4）
　1.4　内部审核 ………………………………………………………（6）
　1.5　管理评审 ………………………………………………………（8）

第2章　《企业知识产权管理规范》实施要点 ……………………（10）
　2.1　术语和定义 ……………………………………………………（10）
　2.2　知识产权管理体系 ……………………………………………（11）
　2.3　管理职责 ………………………………………………………（15）
　2.4　资源管理 ………………………………………………………（22）
　2.5　基础管理 ………………………………………………………（27）
　2.6　实施和运行 ……………………………………………………（37）
　2.7　审核和改进 ……………………………………………………（43）

第3章　《高等学校知识产权管理规范》实施要点 ………………（45）
　3.1　术语和定义 ……………………………………………………（45）
　3.2　文件管理 ………………………………………………………（46）
　3.3　管理职责 ………………………………………………………（48）
　3.4　资源管理 ………………………………………………………（54）

1

3.5 知识产权获取 …………………………………… (59)
3.6 知识产权运用 …………………………………… (65)
3.7 知识产权保护 …………………………………… (67)
3.8 检查和改进 ……………………………………… (69)

第 4 章 《科研组织知识产权管理规范》实施要点 …… (71)
4.1 术语和定义 ……………………………………… (71)
4.2 总体要求 ………………………………………… (73)
4.3 组织管理 ………………………………………… (76)
4.4 基础管理 ………………………………………… (82)
4.5 科研项目管理 …………………………………… (88)
4.6 知识产权运用 …………………………………… (92)
4.7 知识产权保护 …………………………………… (95)
4.8 资源保障 ………………………………………… (97)
4.9 检查和改进 ……………………………………… (98)

附 录 …………………………………………………… (100)
知识产权认证管理办法 ……………………………… (100)
CNAS-CC01：2015 管理体系认证机构要求
（对认证过程的要求，节选） ……………………… (106)

第1章　知识产权管理体系认证基本要求

《企业知识产权管理规范》（GB/T 29490-2013）自 2013 年颁布实施以来，全国认证企业超过万家，在国家知识产权局和各级政府的帮助与支持下，各企业极大地提高和完善了自身的知识产权管理水平。

《企业知识产权管理规范》的实施，基本上都是按照独立完整的认证流程来申请认证。认证初期，根据 CNAS-CC01：2015《管理体系认证机构要求》，以及国家认证认可监督管理委员会（以下简称"国家认监委"）的相关规定，结合企业知识产权管理的特点和需求，采取了一些比较简单易行的标准认证方式。但自 2018 年 2 月 11 日国家认监委、国家知识产权局联合发布《知识产权认证管理办法》（2018 年第 5 号公告）以来，认证流程基本没有变化，但法人或其他组织申请认证的条件、审核员注册及审核员审核要求等都发生了变化。本章拟简单介绍法人或其他组织申请、审核和认证的基本要求。

1.1　申请条件

2014 年在全国推动知识产权管理体系认证活动时，有关文件基于申请认证企业的日常经营状态，并参考质量管理体系认证规则，设定了知识产权管理体系认证申请的基本条件。在我国工商登记在册的所有企业，符合以下条件的都可以向认证机构申请知识产权管理体系认证：

（1）知识产权管理体系资料齐全（包含知识产权方针、知识产权目标以及其他程序文件等）并运行3个月以上；

（2）至少作过一次内部审核和管理评审并提交相关资料；

（3）1年内没有受到过主管机关的行政处罚。

《知识产权认证管理办法》第23条规定："被知识产权行政管理部门或者其他部门责令停业整顿，或者纳入国家信用信息失信主体名录的认证委托人，认证机构不得向其出具认证证书。"因此，被行政机关责令停业整顿的，或者被纳入国家信用信息失信主体名录的认证委托人，都不能获得认证证书。

1.2 审核要求

1.2.1 审核人员的要求

2014年初，国家知识产权局和国家认监委发文推动企业知识产权管理认证的实施，中国认证认可协会发布了《知识产权管理体系认证审核员确认方案》，基本确定知识产权管理体系审核员在通过中国认证认可协会组织的考试，并实习一段时间后，即可被中国认证认可协会确认为知识产权管理体系审核员，能参加知识产权管理体系认证审核活动。

根据《知识产权认证管理办法》和中国认证认可协会2018年3月7日发布的《管理体系审核员注册准则》（CCAA－101－2），以前获得确认的知识产权管理体系审核员，必须参加相关审核员资格转换的培训和考试，考试通过以后，到中国认证认可协会重新进行注册，经过审批后可获得注册审核员资格。

注册审核员可以有实习审核员和审核员两种形式。申请人在申请注册时，要满足教育经历、工作经历、专业工作经历、审核经历和担保人等要求。

教育经历： 具有国家承认的大学本科以上学历，或者大学专科学历并具有申请领域相应专业中级以上技术职称。

工作经历：实习审核员无工作经历要求；本科以上学历审核员申请人应具有至少4年全职工作经历，大学专科学历审核员申请人应具有至少20年全职工作经历。

专业工作经历：实习审核员无专业工作经历要求；本科学历以上的审核员申请人应具有至少2年专业工作经历，大学专科学历的申请人应具有至少15年专业工作经历，该专业工作经历能够使申请人获得有效地进行相应领域管理体系审核所需的专业知识。

审核经历：实习审核员注册时无审核经历要求；转换考试通过的都可以直接注册为审核员。如果以实习审核员身份要求注册为审核员时，该申请人须以实习审核员身份，作为审核组成员在审核员以上注册资格人员的指导和帮助下完成至少4次相应领域完整体系审核，现场审核经历不少于15天。现场审核应覆盖相应领域认证标准所有条款。

注册担保：实习审核员注册时无担保要求；审核员注册申请时应由一名担保人员对其专业状况、主要工作经历和个人素质作出担保，担保人可以是业内具有审核员资格人员。

对于获得注册资格的审核员，还有年度确认的要求。实习审核员无年度确认要求。注册审核员在每个注册年度至少完成1次管理体系审核，完成至少16学时的与相关领域相关继续教育（至少8学时得到确认），个人行为规范不存在问题。年度确认要求一般在注册次年实施。

注册为知识产权管理体系审核员时，除以上要求外，还必须具有专利代理人资格。

1.2.2 审核机构的要求

符合一定条件的组织才能申请知识产权管理体系认证机构资质。通用要求有：必须具有固定的办公场所和必要的设施，注册资本不得少于300万元，有10名以上相应领域的专职认证人员。成立的认证机构如果要设立分支机构或办事机构，还需要在设立之日起30日内向国家认监委和国家知识产权局报送相关信息。

认证机构招聘的认证审核人员，只有和认证机构签订劳动合同，并具有专利代理人资格，才可以实施知识产权管理体系认证审核。要求专职审核人员实施审核，便于要求对认证客户的认证内容进行保密，实现认证责任可以追溯，在一定程度上可以保障认证审核的质量，更有利于认证机构对审核员的有效管理。

《知识产权认证管理办法》还规定认证机构及其认证人员应当对认证结果负责并承担法律责任；认证机构要建立有效的内部管理、制约、监督和责任机制，并保证持续有效。

1.3 认证流程

知识产权管理体系认证流程基本参照 CNAS-CC01：2015《管理体系认证机构要求》、GB/T 19011-2013《管理体系审核指南》的要求执行，包括对法人或其他组织涉及知识产权创造、运用、保护和管理等文件和活动的审核，获证后的监督审核以及再认证审核。基本认证流程有初次认证、监督活动、再认证、特殊审核。

1.3.1 初次认证

1.3.1.1 申请与受理

申请者（法人或其他组织）按照规定的内容和格式向认证机构提出申请，可以提交书面或电子版的知识产权体系文件和其他信息。

认证机构要求提交的文件至少包括：申请者的法律证明文件；如果覆盖的活动涉及法律法规规定的行政许可的，提交相应的行政许可证件、资质证书、强制性认证证书的复印件；承诺遵守法律法规、认证机构相关规定的要求，提供材料真实的自我声明；申请认证体系有效运行的证明文件；申请组织简介；申请组织的体系文件（需包含但不限于知识产权方针和目标、知识产权手册、受控文件清单、记录文件清单、程序文件、记录文件、适用性声明、职能角色分配表等）；申请组织内部审核和管理评审的证明资料；认证机构要求申请组织提交的其他补充资料。

上述资料检查齐备、完整后，申请者应及时提交申请费和审核费等费用，认证机构及时签订认证服务合同，完成认证受理工作。

1.3.1.2 现场审核活动及审核后续活动

现场审核活动之前，应制订审核方案，做好第一阶段审核（含文件审核），编制审核计划等。

现场审核时注意收集审核证据，汇集审核发现，得出审核结论，开具不符合项报告等。

审核后续活动包括不符合项验证、审定合格后批准发证等活动。

1.3.2 监督活动

监督活动应包括对获证组织知识产权管理体系满足认证标准规定的情况进行评价的现场审核（监督审核）。

监督审核是监督活动的一部分，是促使获证组织有效保持和持续改进知识产权管理体系的重要措施。监督审核通常应定期进行，监督审核的程序与初次审核的程序一致。

监督审核的目的主要是验证获证组织的知识产权管理体系是否持续满足审核准则的要求和有关的认证要求，并保持有效运行，以确定是否推荐保持认证注册；如果获证组织的知识产权管理体系在运行过程中发生了变更，应审核变更后的知识产权管理体系是否符合认证标准的要求并实施有效，以促使获证组织持续改进知识产权管理体系的有效性。

初次认证证书的有效期一般为 3 年。在证书有效期内，认证机构应对获证组织进行监督和管理。初次认证后的第一次监督审核应当在认证决定日期起 12 个月内进行，以后每年进行一次监督审核。每次监督审核的内容不必一样，但应当在证书有效期内覆盖整个体系的审核内容。

1.3.3 再认证

法人或其他组织在认证证书有效期满前 3 个月内，如果决定继续保持知识产权管理体系认证，可以向认证机构提出再认证审核的申请。

再认证审核，实质是评价获证客户是否持续满足知识产权管理体系标准或其他规范性文件的所有要求。其目的是确认知识产权管理体系作为一个整体的持续符合性与有效性，以及与认证范围的持续相关性和适宜性。

当获证组织或知识产权管理体系的运作有重大变更（如法律的变更）时，再认证审核活动可能需要进行第一阶段审核。

在认证基础（如审核准则和审核范围等）没有改变的情况下，再认证时的抽样量可以比初次审核时略少，所需的审核时间（人日数）也可以比初次审核时略少，审核时间和费用大致相当于初次审核时第二阶段审核的2/3。

1.3.4 特殊审核

1.3.4.1 扩大认证范围

如果对于已授予的认证范围需要扩大，认证机构应对扩大认证范围的申请进行评审，并确定任何必要的审核活动，以作出是否可予以扩大的决定。这类审核活动也可以和监督审核同时进行。

1.3.4.2 提前较短时间通知的审核

认证机构为调查投诉、对变更作出回应或对被暂停的受审核方进行追踪，可能需要在提前较短时间通知获证受审核方后对其进行审核。

1.4 内部审核

内部审核有时也称第一方审核、内审，由法人或其他组织自己开展，或者是以法人或其他组织的名义来开展。内部审核的对象是法人或其他组织建立并有效运行的内部管理体系，目的是验证法人或其他组织的管理体系是否持续地满足标准的要求并能有效运行，内部审核活动的结果可作为法人或其他组织自我合格声明的基础。这种审核是法人或其他组织建立的一种自我检查、自我完善的持续改进活动。体系建设中的一个重要环节就是检查与改进，而内部审核就是一种检查与改进。不同的标准可以有不同的规定，但其做法是一样的。如《企业知识产权管理规范》条款9.2"内部审核"、《科研组织知识产权管理规范》条款11.1"检察监督"和《高等学校知识产权管理规范》条款10.1"检察监督"，都是对条款规定的活动实施后所进行检查与改进，与内部审核的要求一致，以期有自我检查、自我完善的持续改进活动。

1.4.1 内部审核的过程

1.4.1.1 审核方案的策划

根据内部审核的制度，一般都是在确定实施内部审核前2个月就需要策划内部审核方案，策划时要考虑拟审核的活动和区域的状况、重要性，开展内部审核的时间、参加内部审核的人员，以及以往前期审核的结果等。

1.4.1.2 审核准备

基本确定内部审核的时间、参加内部审核的人员及其部门等，并由参加审核的人员成立审核组，编制审核计划，审核员各自编制检查表，做好内部审核前的准备工作。

1.4.1.3 现场审核

按照审核计划确定的时间，开展内部审核的现场审核活动，包括首次会议、现场审核证据的收集、审核发现的汇集、不符合报告的撰写、形成审核结论、召开末次会议等内容。

1.4.1.4 编写审核报告

现场审核结束后，审核组组长应按规定格式根据审核结论编写审核报告。该报告经管理者代表或最高管理者审定后，可以下发给相关部门。

1.4.1.5 纠正措施的跟踪验证

现场审核结束后，受审核的部门有不符合项的，需要在规定的时间内进行整改。整改后需要审核组对纠正措施的实施情况进行跟踪验证，验证合格时，内部审核活动宣告结束。

1.4.2 内部审核需注意的几个问题

（1）按照正规的审核流程来开展，不仅要审核标准中涉及的全部活动，还要具有实施纠正措施的能力。

（2）审核是有一定局限和风险的活动。

由于时间和工作量限制，对一些样本量比较大的活动，可以采取随机抽取样本的形式进行审核。因而，审核具有一定的局限性和风险性。

（3）审核是形成文件的过程，最终要对审核的整体活动形成书面报告，对标准中的活动实施情况进行符合性评价。

（4）内部审核活动结束后，应形成的证据资料主要有内部审核计划、内部审核记录、内部审核不符合项及其整改材料、内部审核报告、首末次会议签到表，以证实内部审核活动的开展。

1.5 管理评审

管理评审是法人或其他组织对自身建立、实施并有效运行的知识产权管理体系的适宜性、充分性和有效性的评价活动，是法人或其他组织对知识产权管理体系寻求改进机会的重要环节，是自我监督、自我完善管理体系的重要组成部分。知识产权管理体系建设中的一个重要环节就是检查与改进，管理评审也是一种检查与改进，不同的标准可以有不同的规定。如《企业知识产权管理规范》条款5.5"管理评审"，《科研组织知识产权管理规范》条款11.2"评审改进"和《高等学校知识产权管理规范》条款

10 "检查和改进",都是关于实施管理评审的条款,用以评价知识产权管理体系的适宜性和有效性。

1.5.1 评审内容

《企业知识产权管理规范》条款 5.5 提出,最高管理者要定期组织管理评审活动,评审内容包括知识产权方针、目标的适宜性和有效性;企业经营目标、经营策略,新产品、新业务规划的适宜性和有效性;企业知识产权基本情况及风险评估信息的适宜性和有效性;有关技术、标准的发展趋势的适宜性和有效性;前期(初次审核时多指第一次的内部审核或其他审核)审核结果的适宜性和有效性。《科研组织知识产权管理规范》条款 11.2 和《高等学校知识产权管理规范》条款 10 提到要定期开展对知识产权管理体系的适宜性和有效性进行评审,确保建立的知识产权管理体系适宜有效。

1.5.2 评审注意的问题

(1)评审前需要收集相关资料,可以有重点或选择性地收集,如知识产权方针、目标的现状,实现的可能性及其不确定性,现有知识产权基本情况等,评审时可以有的放矢。

(2)根据管理评审制度,管理评审应形成的证据资料有管理评审计划、管理评审报告等。

第 2 章 《企业知识产权管理规范》实施要点

《企业知识产权管理规范》基于策划、实施、检查、改进的管理模型，对知识产权管理体系涉及的整体要求、资源管理、基础管理、实施和运行、审核和改进都进行了具体的规定。本章具体介绍《企业知识产权管理规范》每个条款在运行过程中的实施要点，所有条款在实施过程中充分结合企业自身的特点。不同行业、不同领域、不同规模的企业可以采取适合自身发展的方式，不可千篇一律，但作为完整体系，必须实施的内容是不可缺少的，否则就不成体系。

2.1 术语和定义

《企业知识产权管理规范》中涉及的一些术语和定义列举如下。

（1）知识产权（intellectual property）

在科学技术、文学艺术等领域中，发明者、创造者等对自己的创造性劳动成果依法享有的专有权，其范围包括专利、商标、著作权及相关权、集成电路布图设计、地理标志、植物新品种、商业秘密、传统知识、遗传资源以及民间文艺等。

（2）过程（process）

将输入转化为输出的相互关联或相互作用的一组活动。

（3）产品（product）

过程的结果。

(4) 体系（system）

相互关联或相互作用的一组要素。

(5) 管理体系（management system）

建立方针和目标并实现这些目标的体系。

(6) 知识产权方针（intellectual property policy）

知识产权工作的宗旨和方向。

(7) 知识产权手册（intellectual property manual）

规定知识产权管理体系的文件。

2.2 知识产权管理体系

2.2.1 总体要求

【标准❶条款4.1】
企业应按本标准的要求建立知识产权管理体系，实施、运行并持续改进，保持其有效性，并形成文件。

【实施要点】
制定完整的知识产权管理体系文件，并确实有效的实施、运行和改进机制。

2.2.2 文件要求

2.2.2.1 总则

【标准条款4.2.1】
知识产权管理体系文件应包括：

a) 知识产权方针和目标；

---

❶ 本章中"标准"系指《企业知识产权管理规范》（GB/T 29490-2013）。

b) 知识产权手册；

c) 本标准要求形成文件的程序和记录。

注：本标准出现的"形成文件的程序"，是指建立该程序，形成文件，并实施和保持。一个文件可以包括一个或多个程序的要求；一个形成文件的程序的要求可以被包含在多个文件中。

【实施要点】

知识产权管理体系文件至少有知识产权方针和目标、知识产权手册和本标准要求形成文件的程序和记录。本标准中关于"形成文件的程序"的条款共有10个条款，即4.2.4"外来文件与记录文件"、5.3.3"法律和其他要求"、6.4"信息资源"、7.1"获取"、7.2"维护"、7.3.1"实施、许可和转让"、7.4.1"风险管理"、7.4.2"争议处理"、7.6"保密"、9.2"内部审核"。在建立知识产权管理体系过程中，这10个条款规定的活动必须有程序文件来规范其开展，至于是制定3个或是10个或是15个文件，企业可以根据现有的制度以及自身开展活动的需要来确定。但是，在以后执行的制度中必须规范这些条款规定的活动内容。其他条款规定的活动，企业可以制定相关制度来规范。

按照本条款的要求，知识产权管理体系文件有知识产权方针、知识产权目标、知识产权手册以及相关程序文件或制度。

其中，程序是指为进行某项活动或过程所规定的途径。记录是指阐明所取得的结果或提供所完成活动的证据的文件。

2.2.2.2 文件控制

【标准条款4.2.2】

知识产权管理体系文件是企业实施知识产权管理的依据，应确保：

a) 发布前经过审核和批准，修订后再发布前重新审核和批准；

b) 文件中的相关要求明确；

c) 按文件类别、秘密级别进行管理；

d) 易于识别、取用和阅读；

e) 对因特定目的需要保留的失效文件予以标记。

【实施要点】

对于诸多的体系文件，如何实施有效管理？本条款提出了一些基本的要求，企业实施的时候，可以不局限于这些。

一是所有文件需要审批。针对制定的管理体系文件，在发布前或修改后重新发布前，都需要各级领导进行审核和批准后才能发布实施。

二是文件具有可操作性。文件中规定的各项活动，都必须有承担的部门、人员或岗位以及时间等，也就是对在什么时候、由什么人去完成什么事情，有清楚的描述和实施程序。

三是体系文件要能识别、取用和阅读。针对所有体系文件的管理，要方便查找，对需要的文件能在存档文件中尽快找到；要容易识别，如涉密文件不是每个人都能查阅的，要在文件名称或封面或清单等地方给予标识以便识别等；要方便阅读，可以通过文件编号、名称等内容，就了解是哪个部门的什么样的文件。可以通过对这些文件进行分级、分类，并给予特殊标记等方式使其易于识别、取用和阅读。

总之，文件的管理要有审批流程，文件内容清楚并具有可操作性，同时能方便查找、识别等，避免风险。

2.2.2.3　知识产权手册

【标准条款4.2.3】

编制知识产权手册并保持其有效性，具体内容包括：

a) 知识产权机构设置、职责和权限的相关文件；
b) 知识产权管理体系的程序文件或对程序文件的引用；
c) 知识产权管理体系过程之间相互关系的表述。

【实施要点】

知识产权手册作为知识产权管理体系的重要文件之一，编制过程中要充分考虑其对开展知识产权工作的指导性。至少要包括以下内容：（1）有成立知识产权管理机构及其相关管理部门的文件，文件中要明确设置的知识产权管理机构及其相关机构涉及知识产权管理的职能和权限。一般要求有部门架构图和各个部门的工作职能描述即可。（2）手册中可以包括具体的相关程序文件，或者在开展相关活动时需要执行的文件名称。可以在每一个条款规定的活动中进行描述。(3)知识产权管理体系中的每项活动与活动之间都有一定的相关性，具体实施时的界限、关联活动的衔接及其重点要明确表述，可有助于每项活动的开展，或者说活动在开展过程中不要有交叉、重复等。

2.2.2.4 外来文件与记录文件

【标准条款4.2.4】

编制形成文件的程序，规定记录的标识、贮存、保护、检索、保存和处置所需的控制。对外来文件和知识产权管理体系记录文件应予以控制并确保：

a) 对行政决定、司法判决、律师函件等外来文件进行有效管理，确保其来源与取得时间可识别；

b) 建立、保持和维护记录文件，以证实知识产权管理体系符合本标准要求，并有效运行；

c) 外来文件与记录文件完整，明确保管方式和保管期限。

【实施要点】

对外来文件和记录文件的管理，本条款明确提出了要建立一个程序文件进行管理。程序文件中要规定记录的标识、贮存、保护、检索、保存和处置所需的控制方法和过程，同时要求外来文件与记录文件归档要完整，明确保管方式和保管期限，重要的外来文件如行政决定、司法判决、律师函件等要确保其来源与取得时间可识别。

具体运行时，对重要的外来文件如行政决定、司法判决、律师函件，以及其他记录要有文件记录清单，清单上要登记相关文件的接收人、接收时间、文件来源、文件处理人、保管方式、保存期限等。保管方式可以是电子版或纸质件；保存期限可以根据文件的性质规定，如发明专利文件可以有20年以上的保存期限，实用新型专利的保存期限则在10年即可。所有文件都规定无限期的保存期限则不可取。

2.3 管理职责

2.3.1 管理承诺

【标准条款5.1】

最高管理者是企业知识产权管理的第一责任人,应通过以下活动实现知识产权管理体系的有效性:

a) 制定知识产权方针;
b) 制定知识产权目标;
c) 明确知识产权管理职责和权限,确保有效沟通;
d) 确保资源的配备;
e) 组织管理评审。

【实施要点】

本条款规定了最高管理者的职能。最高管理者的职能主要包括:制定知识产权方针、知识产权目标;组织管理评审;审批体系运行所需资源;规定相关知识产权管理机构的成立、职能和权限。

实施过程中,重点是对制定的方针和目标以及成立的知识产权机构形成文件,并签字颁布实施,对体系运行所需资源和管理评审活动要及时审批,及时参加管理评审活动,并形成记录。

2.3.2 知识产权方针

【标准条款5.2】

最高管理者应批准、发布企业知识产权方针,并确保方针:

a) 符合相关法律和政策的要求;
b) 与企业的经营发展相适应;
c) 在企业内部得到有效运行;
d) 在持续适宜性方面得到评审;

e）形成文件，付诸实施，并予以保持；

f）得到全体员工的理解。

【实施要点】

对制定的知识产权方针，应经过最高管理者批准后实施；方针要符合法律法规的要求，与企业发展相匹配，在公司内部对所有员工进行宣传落实，让所有员工能看到并熟悉方针，组织管理评审时需要对方针的适宜性进行评审。实施过程中要对制定好的知识产权方针形成宣传记录、管理评审中对知识产权方针进行评审的记录等。

2.3.3 策划

2.3.3.1 知识产权管理体系策划

【标准条款5.3.1】

最高管理者应确保：

a）理解相关方的需求，对知识产权管理体系进行策划，满足知识产权方针的要求；

b）知识产权获取、维护、运用和保护活动得到有效运行和控制；

c）知识产权管理体系得到持续改进。

【实施要点】

建立知识产权管理体系之前，企业应对现有知识产权管理需求有所了解并进行策划。主要有三个方面：一是针对知识产权方针的要求，实施满足方针所需要的条件，内部部门之间、与外部相关部门之间、上下级各个部门以及客户等方面的所有需求是否能满足；二是现有知识产权获取、维护、运用和保护活动的运行和控制，及其运行后是否能得到有效控制；三是能否建立、运行并持续改进的机制。一般应该有策划活动报告体现以上内容。

相关方是指能够影响决策或活动，受决策或活动影响，或感觉自身受到决策或活动影响的个人或组织。

2.3.3.2 知识产权目标

【标准条款5.3.2】

最高管理者应针对企业内部有关职能和层次，建立并保持知识产权目标，并确保：

a) 形成文件并且可考核；

b) 与知识产权方针保持一致，内容包括对持续改进的承诺。

【实施要点】

知识产权目标应根据知识产权方针以及相关部门的职能和层次来建立，同时要体现持续改进，体现目标的适宜性和有效性，使建立的知识产权目标客观且合理。企业内涉及知识产权相关管理活动的部门都必须制定并承担相应的知识产权目标。

制定的知识产权目标应形成文件并作为记录保存。目标的制定需要涉及相关职能部门，这些部门应该是参与相关知识产权业务管理的部门，制定的目标要充分考虑与知识产权方针的衔接，不可脱离知识产权方针。文件中同时应配套对知识产权目标的相关考核要求，由知识产权管理机构负责按时考核，形成考核记录。一旦发现知识产权目标与方针不一致，就需要进行管理评审，评审方针和目标的适宜性与有效性，提出对不适宜的方针或目标进行修改。

2.3.3.3 法律和其他要求

【标准条款5.3.3】

最高管理者应批准建立、实施并保持形成文件的程序，以便：

a) 识别和获取适用的法律和其他要求，并建立获取渠道；

b) 及时更新有关法律和其他要求的信息，并传达给员工。

【实施要点】

企业应在相关法律法规的框架下运行，因此，企业需要建立一个程序文件，规范收集本企业适宜法律法规的渠道并收集具体的法律法规，让企业人员遵纪守法，学习了解并加以执行。

收集的法律法规一般应该有三大类，第一类是国际国内的知识产权方面的法律法规，如专利法、商标法、著作权法、反不正当竞争法等；第二类就是企业通用的法律法规，如劳动法、合同法等；第三类就是不同行业、不同领域的一些法律法规，如药品管理法等。不同的企业应该有针对性地收集该企业适宜的法律法规，并及时更新收集相关法律法规，传达给公司职工。

对收集的法律法规应按文件的管理方式进行管理，形成文件清单和相关记录。至于及时传达相关法律法规信息，实施过程中可以通过培训以及其他任何方式，如发送给大家自学等方式，但要保存相关记录。

2.3.4 职责、权限和沟通

2.3.4.1 管理者代表

【标准条款5.4.1】
最高管理者应在企业最高管理层中指定专人作为管理者代表，授权其承担以下职责：
a) 确保知识产权管理体系的建立、实施和保持；
b) 向最高管理者报告知识产权管理绩效和改进需求；
c) 确保全体员工对知识产权方针和目标的理解；
d) 落实知识产权管理体系运行和改进需要的各项资源；
e) 确保知识产权外部沟通的有效性。

【实施要点】
管理者代表是代表最高管理者来管理企业的知识产权工作。其主要承担以下工作：

（1）管理者代表是知识产权管理体系的建立、实施和保持的推动者，体系实施与运行过程中的任何问题都需要管理者代表予以解决或向最高管理者报告，以寻求解决办法；

（2）及时与最高管理者报告和沟通有关知识产权管理绩效的实施和运

行过程中的改进需求；

（3）开展多种活动如培训、挂牌等，以便全体员工对知识产权方针和目标进行学习与理解；

（4）知识产权管理体系运行和改进需要的各项资源，经最高管理者的审批后予以落实；

（5）确保知识产权外部沟通的有效性。管理者代表应尽力跟踪与监督相关工作的进度。

2.3.4.2 机构

【标准条款5.4.2】

建立知识产权管理机构并配备专业的专职或兼职工作人员，或委托专业的服务机构代为管理，承担以下职责：

a) 制定企业知识产权发展规划；
b) 建立知识产权管理绩效评价体系；
c) 参与监督和考核其他相关管理机构；
d) 负责企业知识产权的日常管理工作。

其他管理机构负责落实与本机构相关的知识产权工作。

【实施要点】

知识产权管理机构可以根据企业的需要来组建，可以由相关专职或兼职工作人员，或是委托外面的服务机构代为管理。作为知识产权管理机构，不管是怎么组建的，都必须承担一些必要的工作，如制定企业知识产权发展规划、建立知识产权管理绩效评价体系、参与监督和考核其他相关管理机构、负责企业知识产权的日常管理工作。其他管理机构负责落实与本机构相关的知识产权工作。

其中，规划是指个人或组织制订的比较全面长远的发展计划。这个计划应该是对未来整体性、长期性、基本性问题的思考和考量。知识产权规划就应该是组织对知识产权的长远发展计划。

绩效评价是指运用一定的评价方法、量化指标及评价标准，对相关部门为实现其职能所确定的绩效目标的实现程度，及为实现这一目标所安排预算的执行结果进行的综合性评价。绩效评价体系可能会涉及多方面的内容评价，如人、财、物，甚至某项具体活动等。

知识产权管理机构制定的知识产权规划、绩效评价体系以及对其他部门的考核制度及其考核结果，都需要保存相关记录，以确认这些工作能有序开展并保持。

2.3.4.3 内部沟通

【标准条款5.4.3】
建立沟通渠道，确保知识产权管理体系有效运行。

【实施要点】
企业必须建立内部沟通渠道。内部沟通渠道或方式可以多种多样，如微信群、QQ群、手机、固定电话、邮箱、OA系统等。从最高管理者到管理者代表，再到知识产权机构以及个人，涉及多个不同层次、不同部门以及不同人员，在日常工作过程中，都需要有多种沟通方式或渠道，保证各级之间信息传递畅通无阻，很好地促进知识产权管理体系的有效运行。

2.3.5 管理评审

2.3.5.1 评审要求

【标准条款5.5.1】
最高管理者应定期评审知识产权管理体系的适宜性和有效性。

【实施要点】
建立并实施知识产权管理体系，应给予相应的评审，须由最高管理者来组织这样的评审活动。评审的目的就是要评价实施知识产权管理体系的适宜性和有效性，实际上也就是要评价企业实施了知识产权管理体系后，知识产权管理是否适合企业发展的需要，是否有加强和提高知识产权管理工作，体系中涉及的相关活动是否得到持续有效的开展，是否实施了检查改正的机制。

2.3.5.2 评审输入

【标准条款5.5.2】

评审输入应包括：

a) 知识产权方针、目标；

b) 企业经营目标、策略及新产品、新业务规划；

c) 企业知识产权基本情况及风险评估信息；

d) 技术、标准发展趋势；

e) 前期审核结果。

【实施要点】

要从哪些方面去评审知识产权管理体系的适宜性和有效性？本条款明确提出了需要评审的基本内容，共有五个方面。一是需要评审知识产权方针和目标的适宜性和有效性：目前开展的知识产权工作与目标是否一致，是否都在方针的框架下运行，这些工作的进度如何，是否有实现的可能。二是企业经营目标、经营策略，新产品、新业务规划的适宜性和有效性：企业在日常经营活动中，其经营策略、新产品、新业务的规划是否涉及知识产权，或者说知识产权在这些工作过程中的影响等。三是企业知识产权基本情况及风险评估信息的适宜性和有效性：企业现有知识产权总体情况，对企业的经营是否有保障，是否能增加企业发展的动力；哪些方面保护不力，还存在风险，如何解决；等等。四是与企业有关的技术、标准的发展趋势的适宜性和有效性，主要是与企业有关的行业技术与标准的发展趋势评审，以及对企业的影响。五是前期（初次审核时多指第一次的内部审核或其他审核）审核结果的适宜性和有效性。这些活动会随着市场等的变化而变化，对于这些变化，可以经过定期或不定期的评审，对现有状态进行修改或纠正，让知识产权管理体系更好地运行。

一般实施这五项活动之前，可以先收集与这些活动有关的基本信息，必要的话需要评估现有信息对企业日常经营活动的影响以及相应的风险。然后再组织召开评审会，对这些活动进行评审，形成评审报告。

2.3.5.3 评审输出

【标准条款5.5.3】

评审输出应包括：

a) 知识产权方针、目标改进建议；

b) 知识产权管理程序改进建议；

c) 资源需求。

【实施要点】

对条款5.5.2内容进行评审后，对不适宜的活动需要整改的，都需要有具体的可操作的整改意见或建议。本条款提出了三方面，一是对方针和目标的修改建议；二是对相关程序的改进建议，应该包括程序或制度文件以及一些办事流程等；三是相关资源的需求。如果有这些方面的修改建议，都应该在评审报告中明确提出来，并安排相关人员和部门在规定的时间内落实。

2.4 资源管理

2.4.1 人力资源

2.4.1.1 知识产权工作人员

【标准条款6.1.1】

明确知识产权工作人员的任职条件，并采取适当措施，确保从事知识产权工作的人员满足相应的条件。

【实施要点】

对于哪些人可以承担企业的知识产权工作，企业可以根据自身的情况来确定。比如可以规定知识产权工作人员需要有什么样的学历、工作经历、年龄等，实际承担这项工作的人员是否满足这些要求，是实施本条款的关键。如果不能满足这些条件，需要采取一些措施，如参加培训或专业学习等，尽可能地胜任相应的知识产权管理工作。

可以根据企业自身的情况来界定实施。

2.4.1.2 教育与培训

> 【标准条款6.1.2】
>
> 组织开展知识产权教育培训，包括以下内容：
>
> a) 规定知识产权工作人员的教育培训要求，制定计划并执行；
>
> b) 组织对全体员工按业务领域和岗位要求进行知识产权培训，并形成记录；
>
> c) 组织对中、高层管理人员进行知识产权培训，并形成记录；
>
> d) 组织对研究开发等与知识产权关系密切的岗位人员进行知识产权培训，并形成记录。

【实施要点】

知识产权业务随时都有新的变化和发展，对相关知识产权工作人员开展培训，让工作人员能随时了解和学习知识产权知识，与时俱进。具体实施时，企业可以制订年度培训计划，不仅仅对知识产权工作人员，而且也需要对管理人员、研发人员和全体职工进行知识产权培训。对全体职工的知识产权培训，可以是一些基础知识培训，以了解为主；对研发人员和管理人员，可以是比较专业的一些知识产权培训，应以有利于识别相关的知识产权，或者是有利于满足在管理过程中对知识产权知识的需要为主。相关培训应有培训记录，记录可以包括培训时间、培训地点、培训内容、培训老师、培训效果等。企业可以根据不同行业、不同领域、不同规模、不同需求采取合适的培训内容和培训方式。

2.4.1.3 人事合同

> 【标准条款6.1.3】
>
> 通过劳动合同、劳务合同等方式对员工进行管理，约定知识产权权属、保密条款；明确发明创造人员享有的权利和负有的义务；必要时应约定竞业限制和补偿条款。

【实施要点】

人事合同需要对一些知识产权活动进行约定，更好地开展人事管理。合同中需要约定保密的责任和义务，以及知识产权权属，这里的权属主要是界定职务发明和非职务发明，避免以后发生纠纷。同时要约定发明创造人员的权利和义务，诸如发明人的署名权、享受被奖励的权利等。对于一些可能会掌握企业核心机密的人员，企业认为有必要的，可以与之签订竞业限制，约定限制时间、补偿措施等，必要时实施。

2.4.1.4 入职

【标准条款6.1.4】
对新入职员工进行适当的知识产权背景调查，以避免侵犯他人知识产权；对于研究开发等与知识产权关系密切的岗位，应要求新入职员工签署知识产权声明文件。

【实施要点】

对新入职的员工主要开展两项工作。一是要对新入职员工作知识产权背景调查，要调查新员工以往做过哪些有关知识产权方面的工作，或者获得过哪些知识产权，对该员工以后的工作是否存在有意或无意使用这些知识产权的可能有个清晰的了解，并加以提醒，避免侵犯他人知识产权。一般应该是人事管理人员来进行调查或委托第三方完成调查。二是对研发等与知识产权关系密切岗位的新入职员工，需要签订知识产权声明文件，除了需要对接触的企业秘密进行保密外，在工作过程中，不要有意或无意地使用以往获得的知识产权，否则要承担相应的责任。

知识产权背景调查和知识产权声明文件需要作为记录保存。

2.4.1.5 离职

【标准条款6.1.5】
对离职的员工进行相应的知识产权事项提醒；涉及核心知识产权的员工离职时，应签署离职知识产权协议或执行竞业限制协议。

【实施要点】

离职员工也要开展两项工作：一是对离职员工要进行知识产权事项提醒，主要涉及保密、相关知识产权方面的业务交接等；二是对签订过竞业限制的人员需要协调其他部门来执行竞业限制。若是涉及核心员工或掌握企业秘密，但没签过竞业限制的员工离职时，可以在离职时签订竞业限制并执行，也可以签署类似竞业限制的知识产权协议并予以执行。

2.4.1.6 激励

【标准条款6.1.6】

明确员工知识产权创造、保护和运用的奖励和报酬；明确员工造成知识产权损失的责任。

【实施要点】

对知识产权工作做得好的员工要给予奖励和报酬，鼓励员工进行知识产权创造、保护和运用。做得不好的，或造成损失的，那也要承担相应的责任，做到奖惩并施。

本条款的实施要有明确的奖惩制度和奖惩记录。奖惩制度要规定涉及知识产权创造、保护和运用的奖惩范围、奖惩类型、奖惩额度，根据制度实施奖惩的记录。

2.4.2 基础设施

【标准条款6.2】

根据需要配备相关资源，以确保知识产权管理体系的运行：

a) 软硬件设备，如知识产权管理软件、数据库、计算机和网络设施等；

b) 办公场所。

【实施要点】

为保障知识产权管理体系的正常运行，需要配备相应的资源设施，如知识产权管理软件、数据库、计算机和网络设施，以及合理的办公场所等。这些设施可以根据企业知识产权工作需要来配备。可以列一个清单，不仅有利于设备维护，也有利于确认保密设备。

2.4.3 财务资源

> 【标准条款6.3】
> 应设立知识产权经常性预算费用，以确保知识产权管理体系的运行：
> a) 用于知识产权申请、注册、登记、维持、检索、分析、评估、诉讼和培训等事项；
> b) 用于知识产权管理机构运行；
> c) 用于知识产权激励；
> d) 有条件的企业可设立知识产权风险准备金。

【实施要点】

企业应制定知识产权费用的预算，出具知识产权费用年度预算表。预算的项目可以是知识产权的申请、注册、登记、维持、检索、分析、评估、运营、诉讼、激励、培训、机构运行等工作。企业可以根据具体情况来制定费用预算，可以预见的项目必须有预算，比如申请、维持、激励、培训等，并形成记录。

2.4.4 信息资源

> 【标准条款6.4】
> 应编制形成文件的程序，以规定以下方面所需的控制：
> a) 建立信息收集渠道，及时获取所属领域、竞争对手的知识产权信息；
> b) 对信息进行分类筛选和分析加工，并加以有效利用；
> c) 在对外信息发布之前进行相应审批；
> d) 有条件的企业可建立知识产权信息数据库，并有效维护和及时更新。

【实施要点】

需要制定一个程序文件或管理制度,来规范信息的收集、分析与利用。制度应明确信息收集的渠道、信息收集的对象、信息收集的部门和人员以及收集到的信息处理流程等,以及对外信息发布的审批流程等。

收集的渠道一般有购买书籍、网络下载、数据库检索等渠道收集;信息收集的部门和人员可以根据组织的现有规定来确定,一般都是由知识产权工作人员或技术人员来执行;信息收集的对象应该是组织所涉及的行业及其竞争对手的知识产权信息;收集到的信息的处理流程基本是对收集的信息进行分类、筛选、分析、加工,其结果要达到一定的目的和结论。对收集的知识产权信息在一定的基础上,例如收集的数千条信息不方便管理,可以建立数据库以方便数据信息管理,后期收集的知识产权信息,可以在此基础上有效维护与更新。

组织有重要信息对外发布的,应按照审批流程进行审批,并形成审批记录。

2.5 基础管理

2.5.1 获取

【标准条款7.1】

应编制形成文件的程序,以规定以下方面所需的控制:

a) 根据知识产权目标,制定知识产权获取的工作计划,明确获取的方式和途径;

b) 在获取知识产权前进行必要的检索和分析;

c) 保持知识产权获取记录;

d) 保障发明创造人员的署名权。

【实施要点】

获取知识产权需要有相应的制度来规范获取的过程。获取前工作计划、获取前检索及保存获取的相关记录等,都要有明确的部门和人员来启动、执行并予以保存。

获取前的工作计划，主要是根据年度知识产权目标来制订，确定获取的知识产权目标具有科学性和可行性，同时需要明确知识产权获取的方式和途径，即相关知识产权的获取是组织研发成果进行申请，或者通过转让或者许可等。

获取前检索主要是对获取的知识产权进行检索，如企业在申请专利前，可以对申请的技术成果进行检索，初步确认要申请的技术成果不是现有技术。这种检索也可以委托第三方来做。

获取前工作计划、获取前检索的记录以及以后申请过程中的其他记录都需要保留，在申请过程中，还要注意保障发明创造人员的署名权。在我国拥有专利权的是申请人，而申请人在很多情况下并不是发明人或者设计人，一些企业负责人对此有些误会。

2.5.2 维护

【标准条款7.2】
应编制形成文件的程序，以规定以下方面所需的控制：
a) 建立知识产权分类管理档案，进行日常维护；
b) 知识产权评估；
c) 知识产权权属变更；
d) 知识产权权属放弃；
e) 有条件的企业可对知识产权进行分级管理。

【实施要点】

该条款要求建立一个控制程序或管理制度，规范知识产权的维护过程。这里的维护主要有两个方面。一是对知识产权相关资料的维护，也就是对知识产权档案的维护管理，一般要求对知识产权档案如知识产权获取文件等进行分类并及时存档，基本管理要求与知识产权管理体系文件的管理要求类似。二是对知识产权权利的有效性进行维护，如在进行权属的变更、放弃以及相关权利的维持等活动前要进行评估。参加评估的人员可以有技术人员、知识产权管理人员、市场人员等。评估后要形成评估报告，对相关知识产权的继续维持、变更还是放弃作出决定,并确定相关人员执行评估结果。

针对知识产权分级管理的情况,可以根据企业对知识产权管理的需要进行,也可以根据相关知识产权的技术与市场分量等进行分级,一般有一定数量的知识产权应予以分级管理。分级可以是核心、非核心,或一级、二级、三级等方式进行。如果决定对相关知识产权进行分级管理,需要结合企业的产品情况、市场情况、技术状况等因素考虑,而不是随意对相关知识产权进行分级标记。

2.5.3 运用

2.5.3.1 实施、许可和转让

【标准条款7.3.1】
应编制形成文件的程序,以规定以下方面所需的控制:
a) 促进和监控知识产权的实施,有条件的企业可评估知识产权对企业的贡献;
b) 知识产权实施、许可或转让前,应分别制定调查方案,并进行评估。

【实施要点】
知识产权的实施、许可和转让,是实施知识产权的重要方法和手段。企业需要制定一个程序文件或管理制度,以便规范知识产权的实施、许可和转让活动。

在企业列具知识产权清单中,应标明相关知识产权的获得时间、实施情况等信息。对于没有实施的知识产权,应在相关制度中规定相应的方法或措施来促进其实施。企业也可对相应知识产权进行评估,例如,可以根据现有的情况,对什么时候实施、许可或转让什么样的知识产权开展评估活动,并形成评估报告。

知识产权评估是一项重要活动,不仅仅在实施活动中存在,在其他活动如维护、投融资等活动中也存在。知识产权评估的重点之一是企业资产评估,是用来确定知识产权现在的价值和通过未来的效应所得到的价值。

具体评估时，企业有能力评估的，可以由企业自行组织评估活动；没有能力评估的，可以委托专业的评估机构来做。一般是根据评估的目的，来组建评估小组或委员会，以对评估对象的实际情况进行了解、市场调查、模型测定等方式开展评估活动，最终形成结论。

通过评估知识产权的实施对企业的贡献及其价值，可以很好地改变知识产权工作让企业增加开支而不增加收入的认识。根据企业的现状，企业内部或委托第三方开展评估都是可以的。

2.5.3.2 投融资

【标准条款7.3.2】
投融资活动前，应对相关知识产权开展尽职调查，进行风险和价值评估。在境外投资前，应针对目的地的知识产权法律、政策及其执行情况，进行风险分析。

【实施要点】
知识产权在投融资前，一般应对相关知识产权开展尽职调查，进行风险和价值评估。在境外投资前，应针对目的地的知识产权法律、政策及其执行情况，进行风险分析。

尽职调查是指在经营活动中对目标企业的资产和负债情况、经营和财务情况、法律关系以及目标企业所面临的机会与潜在的风险进行的一系列调查。本条款则是强调要做好知识产权的调查，以评估投融资的风险和价值。根据企业的现状，企业内部或委托第三方开展调查都是可以的。

2.5.3.3 企业重组

【标准条款7.3.3】
企业重组工作应满足以下要求：

a) 企业合并或并购前，应开展知识产权尽职调查，根据合并或并购的目的设定对目标企业知识产权状况的调查内容；有条件的企业可进行知识产权评估。

b) 企业出售或剥离资产前，应对相关知识产权开展调查和评估，分析出售或剥离的知识产权对本企业未来竞争力的影响。

【实施要点】

企业在合并或并购、出售或剥离资产前,需要对相关资产作知识产权尽职调查或评估,出具调查报告或评估报告,报告中应分析在该项活动中知识产权的现状、价值和影响。根据企业的现状,企业内部或委托第三方开展调查都是可以的。

2.5.3.4 标准化

【标准条款7.3.4】

参与标准化工作应满足以下要求:

a) 参与标准化组织前,了解标准化组织的知识产权政策;将包含专利和专利申请的技术方案向标准化组织提案时,应按照知识产权政策要求披露并作出许可承诺;

b) 牵头制定标准时,应组织制定标准工作组的知识产权政策和工作程序。

【实施要点】

知识产权的标准化,也是知识产权有效运用的具体方式之一。

具体实施这项活动时,企业可以根据现有的知识产权在相关行业或产品中的具体地位等实际情况,来确定是申请牵头制定相关标准,还是申请参加相关组织并参与相关标准的制定。不管是牵头还是申请参与制定标准,都应充分考虑企业现有知识产权在未来制定的标准中发挥什么样的作用、制定的标准要达到什么样的目的、通过标准的制定能不能达到这样的目的。

2.5.3.5 联盟及相关组织

【标准条款7.3.5】

参与或组建知识产权联盟及相关组织应满足以下要求:

a) 参与知识产权联盟或其他组织前,应了解其知识产权政策,并进行评估;

b) 组建知识产权联盟时，应遵循公平、合理且无歧视的原则，制定联盟知识产权政策；主要涉及专利合作的联盟可围绕核心技术建立专利池。

【实施要点】

企业如果要参加相关知识产权联盟或其他组织，一般应事先了解该组织的章程文件对参加者知识产权有何规定，对企业能否满足相关的规定或是否值得参加该组织，应进行充分的评估，并形成评估报告予以执行。

企业组建知识产权联盟时，应考虑在相关法律法规的框架内，遵循公平、合理且无歧视的原则，由参与者一起制定一个合理的都能执行的知识产权政策。涉及专利合作的联盟可围绕核心技术建立专利池。

专利池是一种由专利权人组成的专利许可交易平台，平台上专利权人之间进行横向许可，有时也以统一许可条件向第三方开放横向和纵向许可，许可费率是由专利权人决定的。其积极作用就是可以打包销售整体技术，减少谈判不利因素，不断促进技术进步。

2.5.4 保护

2.5.4.1 风险管理

【标准条款7.4.1】

应编制形成文件的程序，以规定以下方面所需的控制：

a) 采取措施，避免或降低生产、办公设备及软件侵犯他人知识产权的风险；

b) 定期监控产品可能涉及他人知识产权的状况，分析可能发生的纠纷及其对企业的损害程度，提出防范预案；

c) 有条件的企业可将知识产权纳入企业风险管理体系，对知识产权风险进行识别和评测，并采取相应风险控制措施。

【实施要点】

风险管理是保护他人知识产权、避免侵犯他人知识产权的一种管理方式。应编制程序文件或管理制度来规范企业的知识产权风险管理，特别是风险的监控以及预防措施或防范预案的流程需要明确。

首先，制度中要有相应的措施来避免或降低风险。企业的生产设备（含生产所需的设备采购等）、使用的办公设备及软件等产品不能有侵犯他人知识产权的可能。一般可以事先明确哪些设备及软件需要采取措施，在哪些过程中需要监控，比如在采购过程的控制、使用过程中的监控等措施，具体的控制和监控应该有明确的部门和人员或岗位负责，并形成相关监控记录及其风险所在与防止风险的方法。

其次，定期监控生产的产品是否有涉及他人知识产权的情况。同样要明确哪些产品涉及哪些知识产权需要监控，监控的部门、人员或岗位在什么时间开展监控活动，监控的结果，最后要形成监控记录。对于目前有哪些产品涉及他人知识产权的，存在的风险如何预防，制度中应给出具体方法和程序以及措施。至于定期监控，可以根据企业产品涉及风险大小等情况综合考虑监控时间。例如：风险比较大的，可以一个月或三个月监控一次；风险比较小的，可以三个月或半年监控一次。当然，定期对行业或领域内的知识产权信息进行检索分析，也是发现是否侵犯他人知识产权的措施之一。

通过监控等手段了解并掌握企业的风险所在，并分析这些风险对企业可能造成的伤害程度，目的是要制定预防风险的措施来积极和稳妥地处理风险，及时避免风险。

有些企业已建立了企业风险管理体系，应考虑将知识产权的风险管理纳入企业风险管理体系。实施过程中，应重点考虑识别风险、预防风险、控制风险。

2.5.4.2 争议处理

【标准条款7.4.2】

应编制形成文件的程序，以规定以下方面所需的控制：

a) 及时发现和监控知识产权被侵犯的情况，适时运用行政和司法途径保护知识产权；

b) 在处理知识产权纠纷时，评估通过诉讼、仲裁、和解等不同处理方式对企业的影响，选取适宜的争议解决方式。

【实施要点】

对于企业的知识产权如何保护，在被侵权时如何应对等，也需要制定程序文件或管理制度来规范现有知识产权被侵犯的流程控制。

首先，要及时发现和监控知识产权被侵犯的情况。企业需要明确现有知识产权，可以列出知识产权清单。及时发现的途径可以是企业的员工通过市场调研等，也可以是企业的客户通过网络、电话、邮件、信件等反映。而监控也是企业有关部门发现被侵权的一个途径，所不同的是监控应该列为企业的固定工作，并有监控记录来支撑这项工作的开展。通过对行业或领域内的知识产权信息进行检索分析，也是发现企业知识产权是否被侵犯的措施之一。

其次，在发现有知识产权被侵犯时，可以及时评估，什么时候采取什么方式来保护自身的知识产权。具体方式可以是诉讼、仲裁、和解等，关键是通过评估这些方式对企业的影响，争取选择利益最大化的方式解决知识产权被侵犯的问题。

2.5.4.3 涉外贸易

【标准条款7.4.3】

涉外贸易过程中的知识产权工作包括：

a) 向境外销售产品前，应调查目的地的知识产权法律、政策及其执行情况，了解行业相关诉讼，分析可能涉及的知识产权风险；

b) 向境外销售产品前，应适时在目的地进行知识产权申请、注册和登记；

c) 对向境外销售的涉及知识产权的产品可采取相应的边境保护措施。

【实施要点】

涉外贸易过程中有关知识产权活动的开展，主要有三项。一是要充分了解销售目的地的知识产权法律、政策及其执行情况以及诉讼情况。一定要清楚目的地的知识产权保护情况及拟销售的产品在当地是否有侵权风险。二是要考虑在销售目的地对现有知识产权进行申请、注册和登记，以保护好自身的知识产权。三是做好边境保护措施，按照《知识产权海关保护条例》的要求进行即可。

实施过程中,要识别企业的产品外销活动,例如有直接销售到境外、通过网络销售到境外、通过第三方销售到境外等模式。

2.5.5 合同管理

> 【标准条款7.5】
> 加强合同中知识产权管理:
> a) 应对合同中有关知识产权条款进行审查,并形成记录;
> b) 对检索与分析、预警、申请、诉讼、侵权调查与鉴定、管理咨询等知识产权对外委托业务应签订书面合同,并约定知识产权权属、保密等内容;
> c) 在进行委托开发或合作开发时,应签订书面合同,约定知识产权权属、许可及利益分配、后续改进的权属和使用等;
> d) 承担涉及国家重大专项等政府支持项目时,应了解项目相关的知识产权管理规定,并按照要求进行管理。

【实施要点】

企业的合同有很多,在合同中有许多涉及知识产权方面的要求。本条款提出了代理合同、委托开发合同以及国家重大专项合同,涉及知识产权方面的要求。

企业在开展检索与分析、预警、申请、诉讼、侵权调查与鉴定、管理咨询等活动时,需要签订书面合同。在这些活动的合同中要约定所委托技术的知识产权权属、保密等内容,确保委托技术不泄露,不被恶意申请或注册等。

在进行委托开发或合作开发时,也需要签订书面合同。合同中应约定开发的技术成果的知识产权权属、许可及利益分配、后续改进的权属和使用等内容。明确相关知识产权权属及其利益分配,可免除以后不必要的权利纠纷。

涉及国家重大专项等政府支持项目时,应了解项目相关的知识产权管理规定,并按照要求进行管理。

企业的合同管理，除以上合同以外，还有人事合同、采购合同、生产合同等，标准条款6.1.3、8.3c、8.4b中都有相应的知识产权内容。因此，为了更好地保证相关合同都有必要的知识产权内容，需要对合同中有关知识产权条款进行审查，并形成合同知识产权内容审查单，审查单应该记录审查这些合同的人员、审查相关知识产权内容是否符合要求、审查时间等。一般应该由知识产权工作人员根据相关条款的规定对这些合同进行审查，保障这些合同的知识产权约定符合相关条款的规定，一定程度上保障企业的利益和避免风险。

2.5.6 保密

【标准条款7.6】
应编制形成文件的程序，以规定以下方面所需的控制：
a) 明确涉密人员，设定保密等级和接触权限；
b) 明确可能造成知识产权流失的设备，规定使用目的、人员和方式；
c) 明确涉密信息，规定保密等级、期限和传递、保存及销毁的要求；
d) 明确涉密区域，规定客户及参访人员活动范围等。

【实施要点】

实施本条款，需要制定一个程序文件或管理制度，规范保密的管理。制度中要明确形成保密人员、保密设备、保密信息和保密区域的机制与程序。

实施过程中，应由确定涉密人员的组织机构来确定企业的涉密人员，列成清单，根据相关人员职位和权力大小等，分别确定涉密人员需要保密的等级和接触相关涉密信息、设备和区域的权限。"保密等级"可以参考《保守国家秘密法》，该法第10条规定：国家秘密的密级分为绝密、机密、秘密三级。其保密级别最高的是绝密。当然，企业可以根据自身情况设定几个保密级别。涉密人员还应当承担相应的职责。

只有可能造成知识产权流失的设备才可以被确定为涉密设备。同样，需要列出确定的涉密设备清单，涉密设备的应用应该有专门人员以专门的使用方式用于专门的使用目的。涉密设备清单中列出的涉密设备应该来源于企业所有设备资源（标准条款6.2）中，不应该超出设备资源范围。

涉密信息也需要确认并列出清单。涉密信息的管理是企业文件管理的重要内容之一。确认涉密信息后，除了要及时设定涉密等级和保密期限外，对相关涉密信息资料的传递、保存及销毁过程都需要有一定的程序来控制，在这个程序中至少要明确这些过程中接触的人员、时间与实际活动结果。至于保密期限，可以按照文件的特点来确定，如发明专利保护20年，其相关信息保密期限可以确定为20年左右，其他文件也可以参照《保守国家秘密法》第15条规定："国家秘密的保密期限，除另有规定外，绝密级不超过三十年。"

确定涉密区域是防止泄密的重要环节，尤其是企业生产区域、涉密资料和涉密设备存放地等，都需要有严格的保护措施。对正常往来的人员如客户或其他参访人员，要约定活动范围，同时约定其他人员不得接近。确认涉密区域应参考涉密信息、涉密人员和涉密设备的规定。

涉密人员、涉密信息、涉密设备、涉密区域四者相互关联，互为因果，实施过程中，要充分考虑四者的关系，不能有相互矛盾之处。

2.6 实施和运行

2.6.1 立项

【标准条款8.1】

立项阶段的知识产权管理包括：

a）分析该项目所涉及的知识产权信息，包括各关键技术的专利数量、地域分布和专利权人信息等；

b）通过知识产权分析及市场调研相结合，明确该产品潜在的合作伙伴和竞争对手；

c）进行知识产权风险评估，并将评估结果、防范预案作为项目立项与整体预算的依据。

【实施要点】

项目的立项阶段要注重知识产权的信息检索分析工作。立项前分析该项目所属领域的知识产权信息，特别是对该领域关键技术的专利数量、地域分布、专利权利人的信息进行检索和分析，以了解该项目关键技术的专利数量和地域分布、各专利权人的专利排名、主要竞争对手的专利数量和地域分布。分析方法包括专利引证分析、同族专利引证分析、专利功效矩阵分析等。同时，做好该研究内容（含产品和技术等）的市场调研，通过了解发明人及其技术的实施或拥有的状态，明确该项目潜在的合作伙伴和竞争对手。评估该项目的知识产权风险，并根据风险的大小制定相应的防范预案，作为项目立项的依据。

企业在实施该条款时，应对该项目研究中的几个关键点作深入检索，保存检索记录，同时对这些检索信息进行分析。分析的内容需包括该研究内容的各关键技术的专利数量、地域分布和专利权人分布，以及无效专利的专利权过期时间、专利无效及侵权诉讼进展等相关信息。最后应形成检索分析报告。

在检索分析的基础上，通过与市场调研相结合，明确现有技术或产品的市场运用状况，初步判断该项目潜在的合作伙伴和竞争对手。最后，在立项报告中涉及该项目的立项依据，应纳入知识产权风险评估，以及根据评估的结果制定的防范预案之中。

在具体实施过程中，还要注意使企业内部制定的相关管理制度充分得到执行，比如需要申请、签字等流程的实施。相关记录如检索分析报告、评估报告等需要保留。

2.6.2 研究开发

【标准条款8.2】

研究开发阶段的知识产权管理包括：

a) 对该领域的知识产权信息、相关文献及其他公开信息进行检索，对项目的技术发展状况、知识产权状况和竞争对手状况等进行分析；

b) 在检索分析的基础上，制定知识产权规划；

> c) 跟踪与监控研究开发活动中的知识产权，适时调整研究开发策略和内容，避免或降低知识产权侵权风险；
> d) 督促研究人员及时报告研究开发成果；
> e) 及时对研究开发成果进行评估和确认，明确保护方式和权益归属，适时形成知识产权；
> f) 保留研究开发活动中形成的记录，并实施有效的管理。

【实施要点】

研究开发过程中的知识产权管理主要有三个目的：一是充分利用现有技术，缩短研发周期、降低研发成本、借用现有技术方案，为项目的顺利实施奠定良好的基础；二是根据项目规划，及时掌握研究成果，并给予评估，适当规避风险，以确定研究成果的权属和保护方式；三是研究开发的记录保持完整并有效管理。

项目研发的实施阶段，首先要做好该科研项目相关的产业市场情报及知识产权信息等资料的收集与分析。研究人员应根据项目研发周期的长短和不同行业的特点，确定是否需要跟踪研究该领域的知识产权信息、文献情报，根据最新披露的知识产权信息、文献情报，来判断该研究项目是否需要调整研究方向和技术路线。例如金银首饰的外观设计，一般就是几天或几周，其开发过程就无须跟踪。有一些领域研究周期比较长，如新药开发，长达十余年甚至几十年，其间必须定期跟踪检索相关专利信息、文献情报。一旦发现本研究的技术、产品或方法成为公开的现有技术等变化，就需要判断该研究项目是否需要调整研究方向和技术路线。因此每次跟踪检索有必要形成检索报告，确定好检索时间、检索人员、检索网站、被检索信息的周期等，后期跟踪检索只需要定期维护即可。

具体实施研究开发过程中的知识产权管理可以从以下几个方面实施。

第一，在研究开发活动之前，对该研究项目进行技术检索。检索范围比项目立项时的检索范围要宽大，主要检索该研究领域的知识产权信息、相关文献及其他公开信息，以方便对项目的技术发展状况、知识产权状况和竞争对手状况等进行分析。通过扩大检索范围，可以全面了解项目的研究技术发展现状、现有技术的知识产权现状以及现有技术产品的竞争对手现状，对以后研究中的技术是否有借鉴或创新的地方，突破竞争对手的地方。

第二，在充分了解、全面检索并分析的基础之上，对该项目的技术研究及其知识产权预期的产出和布局，特别是对知识产权申请的技术方向、申请国家和地区、申请时机、申请类型、申请方式等进行规划、布局。

第三，进行知识产权跟踪分析，明确跟踪内容、跟踪频次等，可以结合项目研究时间的长短来决定跟踪的频次。研发团队成员间共享跟踪信息，有发现不利于本研究技术的知识产权信息，应适时调整原有的开发策略和方法，通过规避或购买或共享专利等方式来避免或降低现有知识产权对该研究的影响。

第四，研究人员应定期报告研究开发成果。对研发成果产出后进行最终文献检索，经过评估确认，明确取得知识产权的可能性、知识产权类型、保护建议及新成果的知识产权权利归属等。这里要注意两个词，"及时"对研究开发成果进行评估和确认，"适时"形成知识产权。

第五，对研究和开发活动中形成的档案和记录进行有效管理，相关文件按规定程序进行审批、保存，使研发活动是可追溯的。

项目完成后，对研究对象的所有信息的检索分析记录、研发记录、研发成果的报告及其评估、形成知识产权的记录都需要整理归档，按照保密资料进行管理。

2.6.3 采购

【标准条款8.3】

采购阶段的知识产权管理包括：

a) 在采购涉及知识产权的产品过程中，收集相关知识产权信息，以避免采购知识产权侵权产品，必要时应要求供方提供知识产权权属证明；

b) 做好供方信息、进货渠道、进价策略等信息资料的管理和保密工作；

c) 在采购合同中应明确知识产权权属、许可使用范围、侵权责任承担等。

【实施要点】

采购过程中涉及的知识产权管理，主要是防止采购侵权产品和采购信息泄密的管理。

在防止采购侵权产品方面，要做好两项工作。一是要识别采购产品是否涉及知识产权，如涉及相关知识产权，应当收集相关知识产权信息，如采购产品的商标、专利等，避免供货商提供假冒伪劣产品；如是第三方供货，应当收集知识产权拥有方提供的授权销售的证明。在签订采购合同时合同中应约定清楚采购产品的知识产权权属情况、许可使用范围和侵权责任承担。这些是利用书面文件来避免采购侵权产品的风险。二是要保管好所有的采购资料，包括供方信息、进货渠道、进价策略等信息资料，应按照保密文件的管理方式进行管理，可参照标准7.6条款涉密信息的管理。

2.6.4 生产

【标准条款8.4】

生产阶段的知识产权管理包括：

a) 及时评估、确认生产过程中涉及产品与工艺方法的技术改进与创新，明确保护方式，适时形成知识产权；

b) 在委托加工、来料加工、贴牌生产等对外协作的过程中，应在生产合同中明确知识产权权属、许可使用范围、侵权责任承担等，必要时应要求供方提供知识产权许可证明；

c) 保留生产活动中形成的记录，并实施有效的管理。

【实施要点】

生产过程中，有可能涉及产品与工艺方法的技术改进与创新。对这样的技术成果，应按照研发过程中技术成果的评估和确认方法给予及时评估和确认；对于采取什么样的方式保护，什么时候形成什么样的知识产权，要及时给出评估结论，形成评估报告。有可能的话，应列出清单，包含技术改进项目名称、参与人员、时间、评估时间和结论、形成的知识产权等。涉及的生产记录，要保留并参照管理涉密信息的方式进行有效管理。

在涉及委托加工、来料加工、贴牌生产等对外协作的过程中，应签订书面合同，合同中应明确生产产品的知识产权权属、许可使用范围、侵权责任承担等，必要时应要求供方提供知识产权许可证明。

2.6.5 销售和售后

【标准条款8.5】

销售和售后阶段的知识产权管理包括：

a）产品销售前，对产品所涉及的知识产权状况进行全面审查和分析，制定知识产权保护和风险规避方案；

b）在产品宣传、销售、会展等商业活动前制定知识产权保护或风险规避方案；

c）建立产品销售市场监控程序，采取保护措施，及时跟踪和调查相关知识产权被侵权情况，建立和保持相关记录；

d）产品升级或市场环境发生变化时，及时进行跟踪调查，调整知识产权策略和风险规避方案，适时形成新的知识产权。

【实施要点】

销售过程中涉及知识产权的管理主要是在产品的销售前以及销售过程中的一些工作。销售前涉及产品的宣传活动、参加会展前的准备工作等。对销售产品涉及的知识产权如何保护，涉及他人知识产权的产品在宣传等销售过程中如何规避风险，需要制定保护方案和风险规避方案并作为一项管理制度来实施。尤其是新产品销售之前，对所涉及的知识产权状况需要进行检索和分析，判断是否有侵犯他人知识产权的情况，研究如何规避有关风险。销售过程中要及时监控市场情况。一是要监控企业的知识产权有无被他人侵犯的产品销售，有问题及时跟踪调查，做好并保留监控记录；二是要监控在售产品的市场应用情况，是否有更新升级，是否可以形成新的知识产权。

2.7　审核和改进

2.7.1　总则

【标准条款9.1】
策划并实施以下方面所需的监控、审查和改进过程：
a) 确保产品、软硬件设施设备符合知识产权有关要求；
b) 确保知识产权管理体系的适宜性；
c) 持续改进知识产权管理体系，确保其有效性。

【实施要点】
在体系运行后，不断通过策划、实施、检查和改进的良性循环，保证知识产权管理体系适宜有效，达到知识产权管理系统化、规范化，运行过程中涉及的产品、软硬件设施设备符合知识产权有关要求。具体实施是一个综合工程，一般通过策划、内部审核和管理评审工作的开展，对审核的问题及时整改和监督，并形成相关记录，以证实诸多活动的正常运行。

2.7.2　内部审核

【标准条款9.2】
应编制形成文件的程序，确保定期对知识产权管理体系进行内部审核，满足本标准的要求。

【实施要点】
内部审核是实施检查与改进的重要措施之一，应制定程序文件或管理制度来规范内部审核活动的开展。一般要求定期（最长间隔不超过12个月）开展知识产权管理体系的内部审核，审核相关活动是否符合标准的要求。

内部审核活动的过程主要有内部审核活动的申请与审批、编制审核计划、审核现场活动及其审核记录（如首次会议、末次会议等）、不符合项报告、形成审核报告、审核后续活动等。内部审核活动形成的记录有内部审核计划、首末次会议签到表、审核记录、不符合项报告及其整改记录、内部审核报告。内部审核活动的开展流程可以参考本书第1章第1.4节。

2.7.3 分析与改进

> 【标准条款9.3】
> 根据知识产权方针、目标以及检查、分析的结果，制定和落实改进措施。

【实施要点】

企业制定知识产权方针、目标，并通过对实施相关活动的检查与改进，随时把握发展方向，使其与方针、目标保持一致。

第3章 《高等学校知识产权管理规范》实施要点

《高等学校知识产权管理规范》基于策划、实施、检查、改进的管理思路，对高等学校知识产权管理体系涉及的文件管理、组织管理、资源管理、知识产权获取、知识产权运用、知识产权保护、检查和改进都作了具体规定。本章具体介绍《高等学校知识产权管理规范》每个条款在实施过程中所需要做的工作。所有条款在实施过程中，应充分结合高等学校自身的特点来组织实施，不同行业领域、不同规模的高等学校可以采取适合自身发展的方式，不可千篇一律，但作为完整体系，必须实施的内容是不可缺少的，否则就不成体系。

3.1 术语和定义

《高等学校知识产权管理规范》中涉及的一些术语和定义列举如下。

（1）知识产权（intellectual property）

自然人或法人对其智力活动创造的成果依法享有的权利，主要包括专利权、商标权、著作权、集成电路布图设计权、地理标志权、植物新品种权、未披露的信息专有权等。

（2）教职员工（faculty and staff）

高等学校任职的教师、职员、临时聘用人员、实习人员，以高等学校名义从事科研活动的博士后、访问学者和进修人员等。

（3）学生（student）

被学校依法录取、具有学籍的受教育者。

（4）科研项目（science and technology research project）

由高等学校及相关组织承担，在一定时间周期内进行科学与技术研究开发活动所实施的项目。

（5）项目组（project team）

完成科研项目的组织形式，是隶属于高等学校的、相对独立地开展研究开发活动的科研单元。

（6）知识产权专员（intellectual property specialist）

具有一定知识产权专业能力，在科研项目中承担知识产权工作的人员。

（7）专利导航（patent-based navigation）

在科技研发、产业规划和专利运营等活动中，通过利用专利信息等数据资源，分析产业发展格局和技术创新方向，明晰产业发展和技术研发路径，提高决策科学性的一种模式。

3.2 文件管理

3.2.1 文件类型

> 【标准❶条款4.1】
> 知识产权文件包括：
> a）知识产权组织管理相关文件；
> b）人力资源、财务资源、基础设施、信息资源管理过程中的知识产权文件；
> c）知识产权获取、运用、保护等文件；
> d）知识产权相关的记录文件、外来文件。

---

❶ 本章中"标准"系指《高等学校知识产权管理规范》（GB/T 33251-2016）。

> 注1：上述各类文件可以是纸质文档，也可以是电子文档或音像资料。
>
> 注2：外来文件包括法律法规、行政决定、司法判决、律师函件等。

【实施要点】

高等学校建立知识产权管理体系，需要做好以下三种类型的文件。

(1) 知识产权管理的相关文件。既包括知识产权管理机构形成的文件（如成立知识产权管理委员会的文件），用于明确不同层次的管理机构、组成及其职能，也包括知识产权获取、保护、运用方面的程序文件或制度文件。

(2) 支撑知识产权管理的基础文件，如人力资源、基础设施、财务资源、信息资源管理过程涉及的知识产权管理文件。这方面的文件应该包括人员的入职及离职、劳动合同、奖励的管理，设备设施的管理；财务管理，信息的获取、分析、利用的管理等文件。

(3) 与有关开展知识产权活动相关的外来文件和记录文件。

该条款明确提出了知识产权管理文件的种类，实施重点是要制定好相关程序文件或制度文件。可以列出文件清单，文件清单中应有文件名称、文件编号、保存期限、保管方式、审批人、发布时间、实施时间、接收人等信息。

3.2.2 文件控制

> 【标准条款4.2】
>
> 知识产权文件是高等学校实施知识产权管理的依据，应确保：
>
> a) 发布前经过审核和批准；
>
> b) 文件内容表述明确、完整；
>
> c) 保管方式和保管期限明确；
>
> d) 按文件类别、秘密级别进行管理，易于识别、取用和阅读；
>
> e) 对因特定目的需要保留的失效文件予以标记。

【实施要点】

首先是要求所制定的知识产权文件必须具有可操作性、实用性、有效性，a 和 b 两项在审批和内容明确、完整方面提出了具体的要求。即这些文件实施之前必须经过审核和批准，在内容上要结合学校的具体情况，规定好执行的事项、执行的人和部门以及执行的结果。

其次是在这些文件的管理上提出了三个方面的要求。一是要明确保管方式和保管期限。对于文件是电子版还是纸质版保管，如何保存，每份文件的保存期限是多久，过期后如何处置，都要有明确的规定。二是这些文件要方便查找、取用、阅读，至少要将这些文件分成不同类型、不同密级进行保存。三是因特定目的需要保留的失效文件，应在文件上予以标记。具体执行这些条款时，学校可以根据自身的管理模式选择合适的做法。

3.3　管理职责

3.3.1　校长

【标准条款5.1】

校长（或院长）是高等学校知识产权工作的第一责任人，承担以下职责：
a）批准和发布高等学校知识产权目标；
b）批准和发布知识产权政策、规划；
c）审核或在其职责范围内决定知识产权重大事务；
d）明确知识产权管理职责和权限，确保有效沟通；
e）确保知识产权管理的保障条件和资源配备。

【实施要点】

该条款只是明确了第一责任人校长（或院长）承担的职责。学校知识产权管理委员会和管理机构制定的知识产权目标、知识产权政策、知识产权规划等文件，必须经过校长审批。有重大知识产权事务如以知识产权投资等，必须经过校长审核或直接作出决定。对知识产权管理机构及其机构的职责和权限要明确，也就是说各个知识产权管理部门要承担相应的知识产权管理职能，并配备相应的资源和条件，保障各个机构能正常开展知识产权管理工作。具体实施时可以看审批记录，确认成立机构的文件中是否明确相关机构的职责和权限。

3.3.2 管理委员会

> **【标准条款5.2】**
>
> 成立有最高管理层参与的知识产权管理委员会，全面负责知识产权管理事务，承担以下职责：
>
> a) 拟定与高等学校科学研究、社会服务、人才培养、文化传承创新相适应的知识产权长期、中期和短期目标；
>
> b) 审核知识产权政策、规划，并监督执行情况；
>
> c) 建立知识产权绩效评价体系，将知识产权作为高等学校绩效考评的评价指标之一；
>
> d) 提出知识产权重大事务决策议案；
>
> e) 审核知识产权重大资产处置方案；
>
> f) 统筹协调知识产权管理事务。

【实施要点】

学校要成立有最高管理层参加的知识产权管理委员会这一机构，全面负责学校的知识产权管理事务。条款明确规定了这个机构的职责。

（1）制定知识产权目标。制定的目标至少要适应本校的科学研究、社会服务、人才培养、文化传承创新的能力和地位，目标要有长期目标、中期目标和短期目标。

（2）审核、监督并执行知识产权管理机构制定的知识产权政策和知识产权规划。

（3）建立绩效评价体系，评价相关部门的知识产权工作开展情况。所谓绩效评价，是组织依照预先确定的标准和一定的评价程序，运用科学的评价方法、按照评价的内容和标准对评价对象的工作能力、工作业绩进行定期和不定期的考核和评价。所以，制定的评价体系要结合部门的知识产权工作职能，预先规定评价的内容、对象和业绩，通过定期或不定期的评价,不断促进知识产权工作。

(4)其他事务,如对重大知识产权事务提出解决方案、审核知识产权重大资产处置方案、统筹协调知识产权管理事务。

知识产权管理委员会需要承担以上职能,并有相应的制度文件来规范其开展活动。制定的目标、知识产权规划、绩效评价体系要形成文件,可以由管理机构拟定,经过知识产权管理委员会审核,最高管理者批准后发布实施。至于知识产权重大事务决策议案和知识产权重大资产处置方案的审核,要有相应的工作流程进行规范。

3.3.3 管理机构

【标准条款5.3】

建立知识产权管理机构,配备专职工作人员,并承担以下职责:

a) 拟定知识产权工作规划并组织实施;

b) 拟定知识产权政策文件并组织实施,包括知识产权质量控制、知识产权运用的策划与管理等;

c) 提出知识产权绩效评价体系的方案;

d) 建立专利导航工作机制,参与重大科研项目的知识产权布局;

e) 建立知识产权资产清单和知识产权资产评价及统计分析体系,提出知识产权重大资产处置方案;

f) 审查合同中的知识产权条款,防范知识产权风险;

g) 培养、指导和评价知识产权专员;

h) 负责知识产权日常管理,包括知识产权培训,知识产权信息备案,知识产权外部服务机构遴选、协调、评价工作等。

注:重大科研项目由高等学校自行确定。

【实施要点】

学校需要建立知识产权管理机构,配备专职工作人员,并承担相应的工作。

(1)负责制定并实施知识产权规划。所谓规划,意思就是组织制定的比较全面长远的发展计划,是对未来整体性、长期性、基本性问题的思考和考量，设计未来整套行动的方案。

（2）负责制定并实施知识产权相关政策。这个政策可包括知识产权质量控制、知识产权运用的策划与管理等。

（3）负责制定知识产权绩效评价体系的方案。

（4）建立专利导航工作机制，参与重大科研项目的知识产权布局。所谓专利导航，是指以专利信息资源利用和专利分析为基础，把专利运用嵌入产业技术创新、产品创新、组织创新和商业模式创新之中。至于重大科研项目如何确认，学校可以根据具体情况确定。

（5）负责建立知识产权资产清单和知识产权资产评价及统计分析体系，提出知识产权重大资产处置方案。判断知识产权重大资产的依据应该是知识产权资产清单和知识产权资产评价及统计分析的结果。

（6）负责审查合同中的知识产权条款，防范知识产权风险。需要审查的合同包括劳动合同、采购合同、合作开发合同、代理合同等。

（7）负责培养、指导和评价知识产权专员。

（8）负责知识产权日常管理，包括知识产权培训，知识产权信息备案，知识产权外部服务机构遴选、协调、评价工作等。

至于何谓重大科研项目，可以由高等学校根据具体情况自行确定。

知识产权管理机构拟定的知识产权规划即相关政策、绩效评价体系以及对其他部门的考核制度，需要报上级管理部门审核与批准。对考核结果、合同中的知识产权条款审查、知识产权资产清单、资产评价、培训、知识产权信息备案、知识产权外部服务机构遴选与评价工作等，都需要保存相关记录，以确认这些工作能有序开展并保持。

3.3.4 服务支撑机构

【标准条款5.4】

建立知识产权服务支撑机构，可设在图书馆等高等学校负责信息服务的部门，或聘请外部服务机构，承担以下职责：

a）受知识产权管理机构委托，提供知识产权管理工作的服务支撑；

b）为知识产权重大事务、重大决策提供服务支撑；

> c) 开展重大科研项目专利导航工作，依需为科研项目提供知识产权服务支持；
> d) 受知识产权管理机构委托，建设、维护知识产权信息管理平台，承担知识产权信息利用培训和推广工作；
> e) 承担知识产权信息及其他数据文献情报收集、整理、分析工作。

【实施要点】

建立知识产权服务支撑机构，或聘请外部服务机构，为知识产权管理等机构的工作提供信息服务，例如提供政策信息、技术信息等；可以支持学校开展知识产权重大事务、重大决策活动；负责知识产权信息平台建设与维护，以及知识产权信息的收集、整理、分析工作。

具体实施时可以根据学校的具体情况，协调相关部门承担这样的支持工作。

3.3.5 学院（系）

> 【标准条款5.5】
> 各校属学院（系）、直属机构应配备知识产权管理人员，协助院系、科研机构负责人承担本部门以下职责：
> a) 知识产权计划拟订和组织实施；
> b) 知识产权日常管理，包括统计知识产权信息并报送知识产权管理机构备案等。
> 注：科研机构包括重点实验室、工程中心、工程实验室以及校设研究中心等。

【实施要点】

该条款提出各个校属院系、直属机构要配备知识产权管理人员（可以是联络员或是知识产权专员等），承担本校属院系或部门的知识产权管理工作。校属院系、直属机构一般都是指学校的二级机构，可以是院系，也可以是重点实验室、工程中心、工程实验室以及校设研究中心等机构。

对于二级机构的知识产权管理人员，最好有明确的任职文件。管理人员要制定并组织实施本机构的知识产权计划，一般可以由本机构知识产权管理人员制定，报上级主管部门批准；同时要完成本机构的知识产权日常管理工作，如统计知识产权信息并报送知识产权管理机构备案等。相关计划和统计信息应及时存档。

3.3.6　项目组

3.3.6.1　项目组长

【标准条款5.6.1】
项目组长负责所承担科研项目的知识产权管理，包括：
a) 根据科研项目要求，确定知识产权管理目标并组织实施；
b) 管理科研项目知识产权信息；
c) 定期报告科研项目的知识产权工作情况；
d) 组织项目组人员参加知识产权培训。

【实施要点】
项目组由课题研发的研究人员组成，主要负责人是组长。组长在承担研发项目过程中，需要做好以下工作：（1）在申报项目时就要制定并组织实施该项目的知识产权目标；（2）管理该项目所有知识产权信息，如项目的申请材料、研发过程中的相关资料等要按照相关知识产权文件管理要求进行管理；（3）定期报告该项目的知识产权工作情况，报告材料应及时存档；（4）负责组织该项目组成员参加一些相关的知识产权培训。

3.3.6.2　知识产权专员

【标准条款5.6.2】
重大科研项目应配备知识产权专员，负责：
a) 科研项目专利导航工作；
b) 协助项目组长开展知识产权管理工作。

【实施要点】
重大科研项目应该由学校根据自身情况来确定。一旦确定某项目是重大科研项目，应该为该项目配备知识产权专员。科研项目的管理机构应列出该校所有重大科研项目清单。清单中至少列出项目名称、项目编号、项目负责人、参加研发人员、研发时间、配备的知识产权专员等信息。知识产权专员主要负责该项目的专利导航和协助组长开展科研项目的知识产权日常管理工作。

3.3.6.3 知识产权顾问

【标准条款5.6.3】
根据知识产权管理需要，可聘请有关专家为学校知识产权顾问，为知识产权重大事务提供决策咨询意见。

【实施要点】
根据需要聘请知识产权顾问，可以通过签协议、发聘书等形式来实施。顾问主要为学校知识产权重大事务提供决策咨询意见，可以通过会议形成会议记录等方式开展。

3.4 资源管理

3.4.1 人力资源

3.4.1.1 人事合同

【标准条款6.1.1】
人事合同中应明确知识产权内容，包括：

a) 在劳动合同、聘用合同、劳务合同等各类合同中约定知识产权权属、奖励报酬、保密义务等；明确发明创造人员享有的权利和承担的义务，保障发明创造人员的署名权；明确教职员工造成知识产权损失的责任；

b) 对新入职教职员工进行适当的知识产权背景调查，形成记录；对于与知识产权关系密切的岗位，应要求新入职教职员工签署知识产权声明文件；

c）对离职、退休的教职员工进行知识产权事项提醒，明确有关职务发明的权利和义务；涉及核心知识产权的教职员工离职、退休时，应签署知识产权协议，进一步明确约定知识产权归属和保密责任。

【实施要点】

人事管理主要开展两个方面的工作。

一是人事合同（含劳动合同、聘用合同、劳务合同）中必须有知识产权的约定，如约定知识产权权属、奖励报酬、保密义务、发明创造人员享有的权利和承担的义务，保障发明创造人员的署名权，明确教职员工造成知识产权损失的责任等。

二是对入职、离职人员的管理。对入职人员需要进行知识产权背景调查，主要是了解其以往工作过程中获得的知识产权情况，一般由人事管理人员或委托第三方开展调查。对于与知识产权关系密切的岗位，应要求新入职教职员工签署知识产权声明文件，以防止研发成果涉嫌侵犯他人知识产权。对离职或退休的人员，应进行知识产权事项提醒，除了需要明确有关职务发明的权利和义务，还要明确对涉密信息的保密义务等；涉及核心知识产权的教职员工离职、退休时，应签署知识产权协议，协议中主要就是明确约定知识产权归属和保密责任。

以上工作应有人事合同、知识产权背景调查、知识产权声明文件、知识产权事项提醒、知识产权协议等记录，并及时存档。

3.4.1.2 教育培训

【标准条款6.1.2】

组织开展知识产权培训，包括以下内容：

a）制定知识产权培训计划；

b）组织对知识产权管理人员、知识产权服务支撑机构人员、知识产权专员等进行培训；

c）对承担重大科研项目的科研人员进行知识产权培训；

d）组织对教职员工进行知识产权培训。

【实施要点】

组织开展知识产权教育培训，可先制定培训计划，计划需要审批后实施。计划中应对知识产权管理人员、知识产权服务支撑机构人员、知识产权专员、科研人员、教职工开展相应的知识产权培训，以适应不同岗位工作人员对知识产权知识的了解和掌握。培训计划实施后，要留存各项培训的记录。相关人员可以根据具体情况，与项目组一起组织相关知识产权培训；可以参加内部组织的培训，也可以参加外部的培训。

3.4.1.3 激励与评价

【标准条款6.1.3】

建立激励与评价机制，包括：

a) 建立符合知识产权工作特点的职称评定、岗位管理、考核评价制度，将知识产权工作状况作为对相关院系、科研机构及教职员工进行评价、科研资金支持的重要内容和依据之一；

b) 建立职务发明奖励报酬制度，依法对发明人给予奖励和报酬，对为知识产权运用做出重要贡献的人员给予奖励。

【实施要点】

学校应建立知识产权激励制度，明确要求对职务发明人给予奖励和报酬，对知识产权运用中做出突出贡献的人员给予奖励。学校应根据制度对需要奖励的人实施奖励。奖励的记录形式可以是奖励证书、奖金发放记录表等。

学校还应建立与知识产权工作相应的职称评定、岗位管理、考核评价制度，将知识产权工作纳入对相关院系、科研机构及教职员工进行评价、科研资金支持的重要内容和依据中，且可以结合绩效评价体系一起实施。

3.4.1.4 学生管理

【标准条款6.1.4】

加强学生的知识产权管理，包括：

a) 组织对学生进行知识产权培训，提升知识产权意识；

b) 学生进入项目组，应对其进行知识产权提醒；

c) 学生因毕业等原因离开高等学校时，可签署知识产权协议或保密协议；

d) 根据需要面向学生开设知识产权课程。

【实施要点】

该条款针对的学生，是指被高等学校依法录取、具有学籍的受教育者。对学生要有知识产权培训，提升其知识产权意识，既可以集中开展培训，也可以由各个院系组织培训，培训内容与培训方式可以根据具体情况确定，应保留培训记录。对进入项目组的学生，要有知识产权事项提醒，提醒内容主要涉及保密及其他权利的运用等。这些学生在离校时还应签订知识产权协议或保密协议。学校也可以根据需要开设知识产权课程。

3.4.2　资源保障

【标准条款6.2】

加强知识产权管理的资源保障，包括：

a) 建立知识产权管理信息化系统；

b) 根据需要配备软硬件设备、教室、办公场所相关资源，保障知识产权工作的运行。

【实施要点】

为了保障知识产权工作正常开展，所需要的资源应予以配备。这些资源主要有软硬件设备、教室、办公场所、管理信息化等相关资源。可以结合知识产权工作人员及其需要来配备，做好设备登记并列出清单，随时做好增减以及其他维护和保养工作。

3.4.3　基础设施

【标准条款6.3】

加强基础设施的知识产权管理，包括：

a) 采购实验设备、软件、用品、耗材时明确知识产权条款，处理实验用过物品时进行相应的知识产权检查，避免侵犯知识产权；

> b) 国家重大科研基础设施和大型科研仪器向社会开放时，应保护用户身份信息以及在使用过程中形成的知识产权和科学数据，要求用户在发表著作、论文等成果时标注利用科研设施仪器的情况；
>
> c) 明确可能造成泄密的设备，规定使用目的、人员和方式；明确涉密区域，规定参访人员的活动范围等。

【实施要点】

针对学校基础设施的知识产权管理，主要是针对实验仪器、设备等的采购、运用和保密的管理。

（1）采购实验设备、用品、耗材、软件时，采购合同中要明确知识产权条款，如采购产品的知识产权权属、侵权责任承担等。实验物品要进行相应的知识产权检查，核对实验所使用物品没有侵犯他人知识产权。采购合同和核对的物品应保留物品采购清单，清单中应该列出所采购物品名称、用途、采购时间、合同编号、实验项目、领用人等基本信息。

（2）国家重大科研基础设施和大型科研仪器开放给他人使用时，应保护用户身份信息以及在使用过程中形成的知识产权和科学数据，双方应签订协议，协议中应该要求用户在发表著作、论文等研究成果时标注利用科研设施仪器的情况。如有这种使用，应列出清单并及时维护。

（3）可能造成泄密的设备应予以明确，应该有涉密设备清单，规定这些设备的使用目的、人员和使用方式；涉密区域应予以明确，应该有涉密区域清单，对涉密区域的参访人员的活动范围应有规定。具体实施时，一要有制度，二要有实施记录。

3.4.4 信息资源

> 【标准条款6.4】
>
> 加强信息资源的知识产权管理：
>
> a) 建立信息收集渠道，及时获取知识产权信息；
>
> b) 对知识产权信息进行分类筛选和分析加工，并加以有效利用；
>
> c) 明确涉密信息，规定保密等级、期限和传递、保存、销毁的要求；

d）建立信息披露的知识产权审查机制，避免出现侵犯知识产权情况或造成知识产权流失。

【实施要点】

信息资源的知识产权管理，主要为信息的获取、利用及其相应的管理。

知识产权信息资源的管理，应有相应的制度，当然制度是需要审批的。制度中应规定收集信息的渠道，获取的知识产权信息类型，获取信息的部门、时间和人员，以及涉密信息的管理。对收集的信息应按照一定的要求进行分类、筛选、分析加工并予以利用。信息的管理要求以及信息披露的审查机制，要有申请、审批流程。

对知识产权信息的收集、分析、利用，是知识产权信息管理的重要内容。按照制度规定的部门和人员应按规定获取渠道及时获取相关信息，在做好信息收集后，进行分析，并形成结论，结论应有针对性的使用价值，最后形成报告。涉密信息要有涉密等级、保存期限、信息传递、信息保存和销毁的规定及其实施记录。对向外界披露的涉及知识产权的信息，应该有知识产权内容的审查机制，简单地说就是需要审批，形成信息发布申请单之类的记录。

3.5 知识产权获取

3.5.1 自然科学类科研项目

3.5.1.1 选题

【标准条款7.1.1】

选题阶段的知识产权管理包括：

a）建立信息收集渠道，获取拟研究选题的知识产权信息；

b）对信息进行分类筛选和分析加工，把握技术发展趋势，确定研究方向和重点。

【实施要点】

自然科学一般包括理学、工学、农学和医学。

确定课题之初,要先做好信息的收集与利用。通过收集研究的产品、技术或方法等内容的知识产权信息,经过筛选后,分析加工,了解所研究的产品、技术或方法的发展趋势,明确下一步研究的方向和重点。一般都是根据课题书中的国内外研究概况体现,所研究产品、技术或方法的基本情况以及未来的发展方向来选择研究的重点。要形成有用的分析报告,报告要有针对所研究的技术、产品或方法的现有技术分析、问题、解决问题的方法和思路等内容。

3.5.1.2 立项

【标准条款7.1.2】

立项阶段的知识产权管理包括:

a) 进行专利信息、文献情报分析,确定研究技术路线,提高科研项目立项起点;

b) 识别科研项目知识产权需求,进行知识产权风险评估,确定知识产权目标;

c) 在签订科研项目合同时,明确知识产权归属、使用、处置、收益分配等条款;

d) 对项目组人员进行培训,必要时可与项目组人员签订知识产权协议,明确保密条款;

e) 重大科研项目应明确专人负责专利信息、文献情报分析工作。

【实施要点】

确定了研究方向和重点以后,应检索相关专利文献和非专利文献并进行分析,形成分析报告。在现有技术的基础上筛选、制定或构思新的研究技术路线,结合创新点和研究项目的知识产权需求,识别并评估研究过程中的风险,制定合适的知识产权目标。比如通过分析研究过程中哪些内容有可能形成知识产权、研究过程中有无风险等,来预估目标实现的可能性。一般都是以课题书中的研究内容来体现。

在相关研究项目需要签订合同时，合同中应约定知识产权归属、使用、处置、收益分配等条款，同时由知识产权管理机构对合同的知识产权条款进行审查。审查内容主要是研究成果的权属、应用、后续改进、利益分配等方面内容的约定。合同审查应形成审查记录，之后才能正式签订合同。对于重大科研项目，需要设置知识产权专员负责专利信息、文献情报分析工作。知识产权专员可以作为项目组成员之一。

可以根据项目研究的需要开展培训和签订知识产权协议。培训可以以项目组名义组织内部培训，或外派参加学习。项目组成员需要签订知识产权协议时，应规定研究成果的权属、保密等与知识产权有关的内容。

3.5.1.3 实施

【标准条款7.1.3】

实施阶段的知识产权管理包括：

a) 跟踪科研项目研究领域的专利信息、文献情报，适时调整研究方向和技术路线；

b) 及时建立、保持和维护科研过程中的知识产权记录文件；

c) 项目组成员在发布与本科研项目有关的信息之前，应经项目组负责人审查；

d) 使用其他单位管理的国家重大科研基础设施和大型科研仪器时，应约定保护身份信息以及在使用过程中形成的知识产权和科学数据等内容；

e) 及时评估研究成果，确定保护方式，适时形成知识产权；对于有重大市场前景的科研项目，应以运用为导向，做好专利布局、商业秘密保护等。

【实施要点】

科研项目实施阶段，研究人员可以根据项目研发周期的长短和不同行业的特点，确定是否需要跟踪研究该领域的专利信息、文献情报，并根据最新披露的专利信息、文献情报，来判断该研究项目是否需要调整研究方向和技术路线。例如金银首饰的外观设计，一般就是几天或几周，其开发过程就无须跟踪。有一些领域研发周期比较长，如新药开发，长达十余年甚至几十年，其间必须定期跟踪检索相关专利信息、文献情报，一旦发现本研究的技术、产品或方法成为公开的现有技术等变化，就需要判断该研究项目是否需要调整研究方向和技术路线等。因此每次跟踪检索有必要形成检索报告，记录好检索时间、检索人、检索网站、被检索信息的周期等，后期跟踪检索只需要定期维护即可。

科研过程中的知识产权记录文件，需要建立、保持和维护，确保完整并及时存档。科研项目的研究成果，要及时评估，根据评估结果来选择保护方式，是申请专利还是商业秘密等方式来保护。如果需要申请专利保护，至于什么时候去申请等，评估时都需要明确，关键是要适时形成知识产权，保护研究成果。

项目研究过程中，使用其他单位管理的国家重大科研基础设施和大型科研仪器的，一般要签订协议，来约定保护身份信息以及在使用过程中形成的知识产权和科学数据等内容。

需要发表论文等可能会披露项目组的研究信息时，应报告组长进行审批，保留审批记录。

3.5.1.4 结题

【标准条款7.1.4】

结题阶段的知识产权管理包括：

a) 提交科研项目成果的知识产权清单，包括但不限于专利、文字作品、图形作品和模型作品、植物新品种、计算机软件、商业秘密、集成电路布图设计等；

b) 依据科研项目知识产权需求和目标，形成科研项目知识产权评价报告；

c) 提出知识产权运用建议。

【实施要点】

项目研究结束后，所有研究资料要及时存档，存档材料中应列出知识产权清单，包括但不限于专利、文字作品、图形作品和模型作品、植物新品种、计算机软件、商业秘密、集成电路布图设计等，没有的当然就无须列出。应依据科研项目知识产权需求和目标，对科研项目中形成的知识产权进行评价，判断相关知识产权在该项目或该领域中大概处于什么样的位置，并提出这些知识产权运用建议。可以由课题组研究人员或其他人员参加评价活动，并形成评价报告。

3.5.2 人文社会科学项目类科研项目

【标准条款7.2】

加强人文社会科学类科研项目管理，特别是创作过程中产生的职务作品的著作权管理，包括：

a）在签订科研项目合同时，应签订著作权归属协议或在合同中专设著作权部分，明确约定作品著作权的归属，署名，著作权的行使，对作品的使用与处置、收益分配，涉及著作权侵权时的诉讼、仲裁解决途径等；

b）对项目组人员进行培训，并与项目组人员签订职务作品著作权协议，约定作品的权利归属；必要时应采取保密措施，避免擅自先期发表、许可、转让等；

c）创作完成时提交科研项目成果，包括但不限于论文、著作、教材、课件、剧本、视听作品、计算机程序等。

注：自然科学一般包括理学、工学、农学和医学；人文社会科学一般包括哲学、经济学、法学、教育学、文学、历史学、军事学、管理学和艺术学。

【实施要点】

人文社会科学一般包括哲学、经济学、法学、教育学、文学、历史学、军事学、管理学和艺术学。

从事人文社会科学研究项目需要签订科研项目合同时，可以签订著作权归属协议或在合同中专设著作权部分，明确约定作品著作权的归属，署名、著作权的行使，对作品的使用与处置、收益分配，涉及著作权侵权时的诉讼、仲裁解决途径等。

对参加项目组的研究人员进行必要的培训，一般都是以组织课题组人员培训为主。在与项目组人员签订职务作品著作权协议时，协议中应约定作品的权利归属；必要时应采取保密措施，避免擅自先期发表、许可、转让等。

创作完成时提交科研项目成果，包括但不限于论文、著作、教材、课件、剧本、视听作品、计算机程序等。根据保密要求，由相关部门存档备查。

3.5.3 其他

> 【标准条款7.3】
> 加强其他方面的知识产权管理，包括：
> a) 规范校名、校标、校徽、域名及服务标记的使用，需要商标保护的应及时申请注册；
> b) 建立非职务发明专利申请前登记工作机制；
> c) 规范著作权的使用和管理，加强学位论文和毕业设计的查重检测工作，明确教职员工和学生在发表论文时标注主要参考文献、利用国家重大科研基础设施和大型科研仪器情况的要求。

【实施要点】

根据学校列出的所有知识产权清单，除科研项目获得的知识产权外，其他知识产权也要及时获取，如校名、校标、校徽、域名等。在规范校名、校标、校徽、域名及服务标记的使用之际，有需要商标保护的，应及时申请注册。在知识产权规章制度中，还应该建立非职务发明专利申请前登记工作机制，形成非职务发明专利申请登记表，至少记录申请人、发明人、申请时间、项目名称等。对于规范著作权的使用和管理，加强学位论文和毕业设计的查重检测工作，明确教职员工和学生在发表论文时标注主要参考文献、利用国家重大科研基础设施和大型科研仪器情况的要求，在制度和实施方面有所体现即可。

3.6 知识产权运用

3.6.1 分级管理

【标准条款8.1】
加强知识产权分级管理,包括:
a) 基于知识产权价值分析,建立分级管理机制;
b) 结合项目组建议,从法律、技术、市场维度对知识产权进行价值分析,形成知识产权分级清单;
c) 根据分级清单,确定不同级别知识产权的处置方式与状态控制措施。

【实施要点】
学校可以根据知识产权价值分析结果,制定知识产权分级管理制度。依据学校制定的分级管理制度,统一对学校所有的知识产权进行分类分级,并在知识产权清单中完整地记录清楚;类型少的可以不必分级,比如一两个商标,但制度上要明确。

分级制度可以在从法律、技术、市场维度对知识产权价值进行分析的基础上,按照分级管理制度的要求,对现有知识产权形成知识产权分级清单,根据分级清单,确定不同级别的知识产权处置与状态控制方法,以强化知识产权合理运用方式。

3.6.2 策划推广

【标准条款8.2】
加强知识产权策划推广,包括:
a) 基于分级清单,对于有转化前景的知识产权,评估其应用前景,包括潜在用户、市场价值、投资规模等;评估转化过程中的风险,包括权利稳定性、市场风险等;

b) 根据应用前景和风险的评估结果，综合考虑投资主体、权利人的利益，制定转化策略；

  c) 通过展示、推介、谈判等建立与潜在用户的合作关系；

  d) 结合市场需求，进行知识产权组合并推广；

  e) 鼓励利用知识产权创业。

【实施要点】

学校知识产权管理部门对相关知识产权分级后，组织相关专家如课题组成员、知识产权专业人员、市场人员（可以外请）、行业技术专家等对相关知识产权进行评估。评估内容主要包括这些知识产权的应用前景，包括潜在用户、市场价值、投资规模；转化过程中的风险，包括权利稳定性、市场风险等。还应明确不同知识产权的适用对象、合作对象、谈判对象等，方便以后做适度的有针对性的市场推广活动，或者选择合适的对象以此创业。

对每一项知识产权评估以后，要形成评估报告，记录该知识产权的市场应用价值、潜在用户、转化对象等，为推广相关知识产权奠定基础。

3.6.3 许可和转让

【标准条款8.3】

在知识产权许可或转让时，应遵循下列要求：

  a) 许可或转让前确认知识产权的法律状态及权利归属，确保相关知识产权的有效性；

  b) 调查被许可方或受让方的实施意愿，防止恶意申请许可与购买行为；

  c) 许可或转让应签订书面合同，明确双方的权利和义务；

  d) 监控许可或转让过程，包括合同的签署、备案、变更、执行、中止与终止，以及知识产权权属的变更等，预防与控制交易风险。

【实施要点】

在涉及知识产权许可或转让时，主要考虑之前、期间、之后的相关活动。首先要通过检索来确认知识产权的法律状态及权利归属，确保相关知识产权在许可或转让前后的有效性；期间要调查被许可方或受让方的基本情况，许可或转让相关知识产权的目的，以评估是否适合许可或转让，避免恶意申请许可与购买行为。之后要通过签订书面合同来约定双方的权利和义务。

对许可或转让过程的监控，包括合同的签署、备案、变更、执行、中止与终止，以及知识产权权属的变更等，以预防与控制交易风险。监控活动主要是查看许可或转让的每项活动都要有相关记录，并且符合相关要求。

3.6.4 作价投资

【标准条款8.4】

在利用知识产权作价投资时，应遵循下列要求：

a) 调查合作方的经济实力、管理水平、生产能力、技术能力、营销能力等实施能力；

b) 对知识产权进行价值评估；

c) 明确受益方式和分配比例。

【实施要点】

在利用知识产权作价投资时，学校知识产权管理部门要对投资对象进行调查，形成调查报告。报告主要应包括投资对象的经济实力、管理水平、生产能力、技术能力、营销能力等内容。根据调查结果最终确定是否合适。如确定合适，双方协商投资比例，或者请第三方对拟投资的知识产权进行价值评估，以确定投资比例，以及受益方式和分配比例。上述内容应该在确定投资的书面文件中进行明确约定。

3.7 知识产权保护

3.7.1 合同管理

【标准条款9.1】

加强合同中的知识产权管理，包括：

a) 对合同中有关知识产权的条款进行审查；

b）检索与分析、申请、诉讼、管理咨询等知识产权对外委托业务应签订书面合同，并约定知识产权权属、保密等内容；

c）明确参与知识产权联盟、协同创新组织等情况下的知识产权归属、许可转让及利益分配、后续改进的权益归属等事项。

【实施要点】

学校开展的合同管理，有必要进行相关知识产权条款的审查，形成合同知识产权条款审查记录。学校签订人事合同、采购合同、代理合同、合作开发合同等，都需要知识产权管理部门进行知识产权条款审查。代理合同的知识产权条款主要是约定知识产权权属和保密等；参与联盟或协同创新组织签署的章程或合同等，应明确有关知识产权内容和要求，如知识产权归属、许可转让及利益分配、后续改进的权益等事项。

3.7.2 风险管理

【标准条款9.2】

规避知识产权风险，主动维护自身权益，包括：

a）及时发现和监控知识产权风险，制定有效的风险规避方案，避免侵犯他人知识产权；

b）及时跟踪和调查相关知识产权被侵权的情况，建立知识产权纠纷应对机制；

c）在应对知识产权纠纷时，评估通过行政处理、司法诉讼、仲裁、调解等不同处理方式对高等学校产生的影响，选取适宜的争议解决方式，适时通过行政和司法途径主动维权；

d）加强学术交流中的知识产权管理，避免知识产权流失。

【实施要点】

进行知识产权风险的监控，要求学校要有规定知识产权风险规避和应对机制的制度，制度内容要包含后续相关活动的具体开展步骤、时间间隔等。

一般由学校根据需要确定监控时间，三个月或半年监控一次等。监控工作主要有两个方面：一方面是以避免侵犯他人知识产权为目的，做法主要是对研究人员、研究过程、生产过程、销售过程、采购过程进行监控等，同时对应用的研究设备、办公设备、软件等产品进行监控以便及时了解有无侵犯他人知识产权的情况；另一方面就是以了解学校的知识产权是否被别人侵犯为目的，主要做法是检索公开的知识产权信息和调查市场销售的相关产品是否有涉及学校知识产权的情况。所有监控的方法经过实施后，须保留监控记录。

对待知识产权纠纷，应适时通过行政和司法途径保护知识产权，可以选择合适的处理方式，如评估通过行政处理、司法诉讼、仲裁、调解等不同处理方式对高等学校产生的影响，选取合适的争议解决方式解决侵权纠纷。

学术交流过程中，知识产权管理部门要对相关涉及技术的内容进行审查，形成审查记录，避免知识产权信息流失或泄密。

3.8 检查和改进

3.8.1 检查监督

【标准条款10.1】
定期开展检查监督，确保知识产权管理活动的有效性。

【实施要点】

定期开展内部检查活动，可以固定在半年或一年开展一次检查活动，平时也可以根据需要随时开展检查活动，确保知识产权管理活动的有效性。检查活动可以按照内部审核的要求进行，最终形成内部检查计划、检查记录、检查报告、不符合项及其纠正措施、签到表等记录。内部检查监督活动的流程可以参照本书第1章第1.4节内部审核的流程开展。

3.8.2　绩效评价

【标准条款10.2】
根据高等学校的知识产权绩效评价体系要求，定期对校属部门、学院（系）、直属机构等进行绩效评价。

【实施要点】
根据知识产权管理机构制定的绩效评价要求，定期（可以由学校确定，一般为一个月、半年或一年）对校属各院系、各科研机构开展绩效考核的评价，形成评价报告。绩效评价体系应该由知识产权管理机构来制定，预先规定评价的内容、对象和业绩，通过定期或不定期地实施评价活动。制定的评价体系必须经过学校领导审核批准后执行。

3.8.3　改进提高

【标准条款10.3】
根据检查、监督和绩效评价的结果，对照知识产权目标，制定和落实改进措施。

【实施要点】
根据内部检查和绩效评价的结果，对照知识产权长期、中期、短期目标，制定和落实改进措施并监督落实情况，最终形成相关记录。

第4章 《科研组织知识产权管理规范》实施要点

《科研组织知识产权管理规范》基于策划、实施、检查、改进的管理思路,对科研组织知识产权管理体系涉及的总体要求、组织管理、基础管理、科研项目管理、知识产权运用、知识产权保护、资源保障、检查和改进都作了具体的规定。本章具体介绍《科研组织知识产权管理规范》每个条款在实施过程中所需要做的工作。所有条款在实施过程中,应充分结合科研组织自身的特点来组织实施,不同行业领域、不同规模的科研组织可以采取适合自身发展的方式实施,不可千篇一律。但作为完整体系,必须实施的内容是不可缺少的,否则就不成体系。

4.1 术语和定义

《科研组织知识产权管理规范》中涉及的一些术语和定义列举如下。

(1) 科研组织 (research and development organization)

有明确的任务和研究方向,有一定学术水平的业务骨干和一定数量的研究人员,具有开展研究、开发等学术工作的基本条件,主要进行科学研究与技术开发活动,并且在行政上有独立的组织形式,财务上独立核算盈亏,有权与其他单位签订合同,在银行有独立账户的单位。

(2) 知识产权 (intellectual property)

自然人或法人对其智力活动创造的成果依法享有的权利,主要包括专利权、商标权、著作权、集成电路布图设计权、地理标志权、植物新品种权、未披露的信息专有权等。

（3）管理体系（management system）

建立方针和目标并实现这些目标的体系。

（4）知识产权方针（intellectual property policy）

知识产权工作的宗旨和方向。

（5）知识产权手册（intellectual property manual）

规定知识产权管理体系的文件。

（6）员工（staff）

在科研组织任职的人员、临时聘用人员、实习人员，以科研组织名义从事科研活动的博士后、访问学者和进修人员等。

（7）知识产权记录文件（intellectual property recording documents）

记录组织知识产权管理活动、行为和工作等的文件，是知识产权管理情况的原始记录。

（8）科研项目（science and technology research project）

由科研组织或其直属机构承担，在一定时间周期内进行科学技术研究活动所实施的项目。

（9）项目组（project team）

完成科研项目的组织形式，是隶属于科研组织的、相对独立地开展研究开发活动的科研单元。

（10）专利导航（patent-based navigation）

在科技研发、产业规划和专利运营等活动中，通过利用专利信息等数据资源，分析产业发展格局和技术创新方向，明晰产业发展和技术研发路径，提高决策科学性的一种模式。

（11）知识产权专员（intellectual property specialist）

具有一定知识产权专业能力，在科研项目中承担知识产权工作的人员。

4.2 总体要求

4.2.1 总则

【标准❶条款4.1】

应按本标准的要求建立、实施、运行知识产权管理体系，持续改进保持其有效性。并形成知识产权管理体系文件，包括：

a) 知识产权方针和目标；

b) 知识产权手册；

c) 本标准要求形成文件的程序和记录。

注1：本标准出现的"形成文件的程序"，是指建立该程序，形成文件，并实施和保持。一个文件可以包括一个或多个程序的要求；一个形成文件的程序的要求可以被包含在多个文件中。

注2：上述各类文件的存在媒介可以是纸质文档，也可以是电子文档或声像资料。

【实施要点】

科研组织在建立知识产权管理体系时，充分考虑实施、运行并持续改进体系的循环机制，必须形成相应的程序文件或制度文件。这些文件应该在实施、运行和改进体系方面都需要，至少包括知识产权方针、知识产权目标、知识产权手册和标准其他条款中要求制定的程序文件和记录文件。这些文件可以是纸质文档，也可以是电子文档或声像资料，但必须是经过审核和批准，且正在执行的有效文件。

4.2.2 知识产权方针和目标

【标准条款4.2】

应制定知识产权方针和目标，形成文件，由最高管理者发布并确保：

a) 符合法律法规和政策的要求；

---

❶ 本章中"标准"系指《科研组织知识产权管理规范》（GB/T 33250–2016）。

> b）与科研组织的使命定位和发展战略相适应；
> c）知识产权目标可考核并与知识产权方针保持一致；
> d）在持续适宜性方面得到评审；
> e）得到全体科研组织员工、学生的理解和有效执行。

【实施要点】

该条款规定了制定知识产权方针和目标的几个要求。制定的知识产权方针必须是符合法律法规和相关政策的规定，制定的方针不能违法违规。同时，与科研组织的使命定位和发展战略相适应，就是要明确科研组织未来发展过程中，对知识产权的需求和发展方向。而制定的知识产权目标要与方针保持一致，并且能定期考核。

在执行过程中，如果知识产权方针和目标有不适合的，可以经过评审去修改，要用组织评审会的形式进行，有评审会议记录或者会议纪要。制定的知识产权方针和目标要让全体员工都知道并得到有效执行，可以采取培训、会议宣贯或其他文宣的方式。

最重要的一点，就是科研组织制定的知识产权方针作为知识产权体系文件的一部分，必须经过批准后颁布实施。

4.2.3　知识产权手册

> 【标准条款4.3】
> 编制知识产权手册并保持其有效性，包括：
> a）知识产权组织管理的相关文件；
> b）人力资源、科研设施、合同、信息管理和资源保障的知识产权相关文件；
> c）知识产权获取、运用、保护的相关文件；
> d）知识产权外来文件和知识产权记录文件；
> e）知识产权管理体系过程之间相互关系的表述。

【实施要点】

知识产权手册作为知识产权管理体系的重要文件之一，应该是指导科研组织执行知识产权管理的综合性及指导性文件。知识产权管理体系过程和外来文件与记录文件的管理、组织架构、人力资源、科研设施、合同、信息管理和资源保障,以及知识产权获取、运用、保护等管理活动,都必须在手册中作出具体的要求和表述,以便相关部门依照执行。该条款明确了编制知识产权手册的具体内容和要求,这些内容实际上就是要全面体现实施标准所有活动的指导原则。

编制的知识产权手册至少包括:

(1) 知识产权相关的管理文件。主要是指知识产权管理机构形成的文件(如成立知识产权管理委员会的文件),需要明确不同层次的管理机构、组成及其职能,以及知识产权获取、运用、保护的相关制度文件。

(2) 支撑知识产权管理的基础文件,如人力资源、基础设施、财务资源、信息资源管理过程涉及的知识产权管理文件。这方面的文件应该包括人员的入离职、劳动合同、奖励,设备设施,财务,信息的获取、分析、利用等涉及知识产权活动的相关规定。

(3) 与开展知识产权活动相关的外来文件和记录文件。

(4) 所有文件涉及的活动之间不得有重复或矛盾,管理过程的相互衔接应有清楚的表述。

相关活动开展必须有一些程序文件或管理制度作为保障。一般在编制知识产权手册时,可以列出文件清单。文件清单中有文件名称、文件编号、保存期限、保管方式、审批人、发布时间、实施时间、接收人等信息。

4.2.4 文件管理

【标准条款4.4】

知识产权管理体系文件应满足以下要求:

a) 文件内容完整、表述明确,发布前需经过审核和批准;文件更新后再发布前,要重新审核、批准;

b) 建立、保持和维护知识产权记录文件,以证实知识产权管理体系符合本标准要求;

c) 按文件类别、秘密级别进行管理,易于识别、取用和阅读,保管方式和保管期限明确;

d) 对行政决定、司法判决、律师函件等外来文件进行有效管理；

e) 因特定目的需要保留的失效文件，应予以标记。

【实施要点】

知识产权管理体系文件包括知识产权方针和目标、知识产权手册、其他程序文件和记录文件。

首先这些文件要具有可操作性，有一定的程序和步骤，涉及的事务、部门、实施时间和人员等都必须清楚明确，制定的文件必须是经过组织的领导签字审批。修改再发布的，必须有重新审核、批准的过程和记录。记录是证实知识产权管理体系符合标准要求的重要形式。按照相关制定的规定，一些活动必须有一定的实施记录来体现和证实，因此，建立、维护和运行这些记录文件就显得非常重要。具体实施相关制度的活动时就要使用这些记录，同时要保管好这些记录，目的就是要证实这些活动的如实有效开展。

其次是对这些体系文件要分别归类、规定秘密级别进行管理。除了保密的需要，还要使这些文件方便查找和阅读。至于怎样分类、分级等，可以采取灵活的方式。这些文件是纸质件还是电子版，需要保存多长时间，可以根据组织的便利以及具体文件的属性进行规定实施。

再次就是对外来文件的有效管理。外来文件主要包括行政决定、司法判决、律师函件等，要有具体有效的管理方法，对外来文件采取一定的程序进行管理。如建立外来文件登记表，记录文件来源、接受时间、接收人、处理方式、处理人、保存方式、保存期限等。

最后就是因特定目的需要保留的失效文件，应予以标记。即对一些失效文件需要保留一个版本的，可以给予特殊标记进行管理。可在一些失效文件上盖"失效"章后给予保存。

4.3 组织管理

4.3.1 最高管理者

【标准条款5.1】

最高管理者是科研组织知识产权管理第一责任人，负责：

a) 制定、批准发布知识产权方针;
b) 策划并批准知识产权中长期和近期目标;
c) 决定重大知识产权事项;
d) 定期评审并改进知识产权管理体系;
e) 确保资源配备。

【实施要点】

科研组织的最高管理者需要承担一些职责。主要有：制定、批准发布知识产权方针、知识产权中长期和近期目标。要根据科研组织的使命和对知识产权的定位，同时在法律法规的框架下，来制定知识产权方针，根据知识产权方针来制定知识产权中长期和近期目标，待知识产权方针、知识产权中长期和近期目标都确定后，需要签字批准并颁布实施，同时作为文件存档。

最高管理者决定重大知识产权事项，如知识产权投资、融资、创业等。

最高管理者负责科研组织对知识产权管理体系进行定期评价与改进，一般半年一次或一年一次。可以评价知识产权方针、目标等知识产权管理体系活动是否适宜、有效，对发现的问题及时提出整改意见，要保障体系运行所需资源。

4.3.2 管理者代表

【标准条款5.2】

最高管理者可在最高管理层中指定专人作为管理者代表，总体负责知识产权管理事务:
a) 统筹规划知识产权工作，审议知识产权规划，指导监督执行;
b) 审核知识产权资产处置方案;
c) 批准发布对外公开或提交重要知识产权文件;
d) 协调涉及知识产权管理各部门之间的关系;
e) 确保知识产权管理体系的建立、实施和保持。

【实施要点】

最高管理者在科研组织的管理层中指定一人作为管理者代表专职协调负责知识产权管理工作。管理者代表主要承担以下工作：统筹规划知识产权工作，审议知识产权规划，指导监督执行；审核知识产权资产处置方案；批准发布对外公开或提交重要知识产权文件；协调涉及知识产权管理各部门之间的关系；确保知识产权管理体系的建立、实施和保持。其中知识产权规划可以由知识产权管理机构来拟定，管理者代表进行审查和评议，并监督执行。知识产权文件可以是知识产权战略协议、重大项目的知识产权合同等。

4.3.3　知识产权管理机构

【标准条款5.3】

建立知识产权管理机构，并配备专职工作人员，承担以下职责：

a) 拟定知识产权工作规划并组织实施；

b) 拟定知识产权政策文件并组织实施，包括知识产权质量控制，知识产权运用的策划与管理等；

c) 建立、实施和运行知识产权管理体系，向最高管理者或管理者代表提出知识产权管理体系的改进需求建议；

d) 组织开展与知识产权相关的产学研合作和技术转移活动；

e) 建立专利导航工作机制，参与重大科研项目的知识产权布局；

f) 建立知识产权资产清单，建立知识产权资产评价及统计分析体系，提出知识产权重大资产处置方案；

g) 审查合同中的知识产权条款，防范知识产权风险；

h) 培养、指导和评价知识产权专员；

i) 负责知识产权日常管理工作，包括知识产权培训，知识产权信息备案，知识产权外部服务机构遴选、协调、评价工作等。

注：重大科研项目由科研组织自行认定。

【实施要点】

科研组织需要建立专门的知识产权管理机构，配备专职工作人员，并承担相应的知识产权管理工作。

（1）负责制定并实施知识产权规划。所谓规划，意思就是组织制订的比较全面长远的发展计划，是对未来整体性、长期性、基本性问题的思考和考量，设计未来整套行动的方案。这里的知识产权规划是科研组织的知识产权发展工作计划，制定后报上级负责人审核批准，知识产权管理机构负责组织实施。知识产权规划要形成文件存档。

（2）负责制定并实施知识产权相关政策。这个政策可包括知识产权质量控制、知识产权运用的策划与管理等。制定的知识产权质量控制、知识产权运用等制度，需要报上级负责人审核和批准后实施。

（3）负责组织建立、实施和运行知识产权管理体系，以及体系运行过程中的检查改进机制。体系的建立、实施、运行和检查改进，包含体系文件编写、审批后颁布实施、运行过程中的检查与改进等。知识产权管理机构还应负责向最高管理者或管理者代表提出知识产权管理体系的改进需求建议。

（4）负责与知识产权有关的产学研合作和技术转移活动，包含知识产权分级、运营、推广、投资、转让、技术交流活动的信息披露审查等活动，更好地运营科研组织的知识产权。

（5）建立专利导航工作机制，参与重大科研项目的知识产权布局。所谓专利导航，就是在科技研发、产业规划和专利运营等活动中，通过利用专利信息等数据资源，分析产业发展格局和技术创新方向，明晰产业发展和技术研发路径，提高决策科学性的一种模式。把专利运用嵌入产业技术创新、产品创新、组织创新和商业模式创新之中。至于重大科研项目如何确认，可以由科研组织根据具体情况确定。

（6）负责建立知识产权资产清单和知识产权资产评价及统计分析体系，提出知识产权重大资产处置方案。主要要对科研组织所有知识产权建立清单，并进行评估，作为知识产权分级与制定处置方案的基础。同时建立知识产权资产评价及统计分析体系，形成文件，结合知识产权资产清单，制定知识产权重大资产处置方案。

（7）负责审查合同中的知识产权条款，防范知识产权风险；合同可以是劳动合同、采购合同、合作开发合同、代理合同等，对这些合同的知识产权条款进行审查并形成审查记录。

（8）负责培养、指导和评价知识产权专员。知识产权管理机构要制定知识产权专员的培养、知道和评价制度并负责实施，形成实施记录。

（9）负责知识产权日常管理，包括知识产权培训，知识产权信息备案，知识产权外部服务机构遴选、协调、评价工作等。

4.3.4　知识产权服务支撑机构

【标准条款5.4】

建立知识产权服务支撑机构，可设在科研组织中负责信息文献的部门，或聘请外部服务机构，承担以下职责：

a) 受知识产权管理机构委托，为建立、实施和运行知识产权管理体系提供服务支撑；

b) 为知识产权管理机构提供服务支撑；

c) 为科研项目提供专利导航服务；

d) 负责知识产权信息及其他数据文献情报收集、整理、分析工作。

【实施要点】

建立知识产权服务支撑机构，或聘请外部服务机构，为知识产权管理等机构的知识产权工作提供信息服务，例如提供政策信息、技术信息等；支持知识产权管理机构开展知识产权重大事务、重大决策活动；负责知识产权信息及其他数据文献情报的收集、整理、分析工作。

4.3.5　研究中心

【标准条款5.5】

研究中心应配备知识产权管理人员，协助研究中心负责人，承担本机构知识产权管理工作，具体包括以下职责：

a) 拟订知识产权计划并组织实施；

b) 统筹承担科研项目的知识产权工作；

c) 知识产权日常管理，包括统计知识产权信息并报送知识产权管理机构备案等；

d) 确保与知识产权管理机构的有效沟通，定期向其报告知识产权工作情况。

注：研究中心是指科研组织直接管理的实验室、研究室等机构。

【实施要点】

该条款对科研组织的研究中心提出要配备知识产权管理人员，这个管理人员可以是专门负责知识产权的工作人员、知识产权联络员或者知识产权专员等，由其承担本部门的知识产权管理工作。研究中心是指科研组织直接管理的实验室、研究室等机构。

作为研究机构，要制定并组织实施本机构的知识产权计划，比如获取计划等，一般可以由本机构知识产权管理人员制定，报上级主管部门批准，同时要完成本机构的知识产权日常管理工作，如知识产权获取、维护、运用，统计知识产权信息并报送知识产权管理机构备案等工作。相关计划和统计信息应及时存档。

4.3.6 项目组

4.3.6.1 项目组长

【标准条款6.1.1】

项目组长负责所承担科研项目的知识产权管理，包括：

a) 根据科研项目要求，确定知识产权管理目标并组织实施；

b) 确保科研项目验收时达到知识产权考核的要求；

c) 设立项目组知识产权专员。

【实施要点】

项目组由课题研发的研究人员组成，主要负责人是组长。组长在承担研发项目过程中，需要做好以下知识产权管理：（1）制定并组织实施该项目的知识产权目标。（2）采取措施，比如人员分工、提供必要的研究设备设施等,保障科研项目达到预期目标。(3)每个项目组要指定一个人为知识产权专员,负责项目研究过程中所有涉及知识产权的管理工作,一般都在项目书中确认,只要明确项目组有专门负责该项目的知识产权专员即可。

4.3.6.2 知识产权专员

【标准条款5.6.2】
协助项目组长进行科研项目知识产权管理,负责:
a) 专利导航工作;
b) 知识产权信息管理,并定期向研究中心报告科研项目的知识产权情况;
c) 组织项目组人员参加知识产权培训;
d) 项目组知识产权事务沟通。

【实施要点】
科研项目需要配备知识产权专员,协助组长开展相关知识产权管理工作。科研项目的管理机构应列出该科研组织所有科研项目清单。清单中至少列出项目名称、项目编号、项目负责人、参加研发人员、配备的知识产权专员等信息。知识产权专员主要负责该项目的专利导航、定期汇报科研项目的知识产权情况以及组织项目研发人员参加知识产权培训等。

4.4 基础管理

4.4.1 人力资源管理

4.4.1.1 员工权责

【标准条款6.1.1】
通过人事合同明确员工的知识产权权利与义务,包括:
a) 与员工约定知识产权权属、奖励报酬、保密义务等;

b) 建立职务发明报酬奖励制度，依法对发明人给予奖励和报酬，对为知识产权运用做出重要贡献的人员给予奖励；

c) 明确员工造成知识产权损失的责任。

【实施要点】

员工权责主要还是要通过人事合同来明确。科研组织的员工都必须签订人事合同，合同中需要明确知识产权权属、奖励报酬、保密义务以及造成知识产权损失所需要承担的责任等内容。

对于奖励报酬，需要依法依规等制定奖励制度，主要是对发明人和知识产权运营的人员进行奖励。奖励制度需要审批，奖励管理制度的实施需要保留相应的奖励记录来体现。

4.4.1.2 入职和离职

【标准条款6.1.2】

加强入职、离职人员的知识产权管理，包括：

a) 对新入职员工进行适当的知识产权背景调查，形成纪录；

b) 对于与知识产权关系密切岗位，应要求新入职员工签署知识产权声明文件；

c) 对离职、退休的员工进行知识产权事项提醒，明确有关职务发明的权利和义务；

d) 涉及核心知识产权的员工离职时，应签署离职知识产权协议或竞业限制协议。

【实施要点】

人员流动是组织的常态。科研机构对于人员的进出同样有知识产权管理工作要做。对于新加入的员工，需要作知识产权背景调查，调查的内容，除了常规内容外，主要有该员工以往从事过何种工作、获取过哪些相关知识产权及其知识产权概况等。而进入到研发、知识产权管理等重要岗位的，需要签订知识产权声明文件，声明不使用以往获得知识产权的研究成果等，如导致侵权行为发生，需要承担相应的责任。对于离职的人员

（涉及离职、退休人员），需要进行知识产权事项提醒，同时，要明确双方涉有关职务发明的权利和义务的约定，签订过竞业限制协议的，需要双方执行；没有签订竞业限制协议的核心员工离职，就需要补签竞业限制协议，或者签署类似于竞业限制协议的知识产权协议。

4.4.1.3 培训

【标准条款6.1.3】

组织开展知识产权培训，包括：

a) 制定知识产权培训计划；

b) 组织对中、高层管理人员进行知识产权培训；

c) 组织知识产权管理人员的知识产权培训；

d) 组织项目组长、知识产权专员的专项培训；

e) 组织员工的知识产权培训。

【实施要点】

培训是知识产权管理体系的重要活动，是提高体系运行的重要基础。该条款提出科研组织需要制定每年的知识产权培训计划，就相关知识产权业务开展培训工作。制定培训计划时，首先要明确知识产权知识的培训；其次要明确对不同层次的人员进行相应的知识产权知识的培训，如对管理人员的知识产权培训、对研发人员的知识产权培训、对普通员工的知识产权培训。一般要保留培训计划、培训过程中产生的记录。

4.4.1.4 项目组人员管理

【标准条款6.1.4】

加强项目组人员的知识产权管理，包括：

a) 针对重大科研项目进行项目组人员知识产权背景调查；必要时签署保密协议；

b) 在论文发表、学位答辩、学术交流等学术事务前，应进行信息披露审查；

c) 在项目组人员退出科研项目时，应进行知识产权提醒。

【实施要点】

对参加重大科研项目的人员，都需要进行知识产权背景调查，了解其以往的工作经历、服务过的组织有无涉及相关知识产权、其以往获取的知识产权对参加的项目的影响等，同时要对参加人员明确保密的责任。参加人员退出科研项目时，要提醒这些人员负有保密等责任和义务等。参加项目组的人员在论文发表、学位答辩、学术交流等学术事务前，需要向组长或机构的知识产权管理人员（可以参照科研组织的制度执行）提出申请，获得批准后方可以进行。

4.4.1.5 学生管理

【标准条款6.1.5】

加强学生的知识产权管理，包括：

a) 组织对学生进行知识产权培训，提升知识产权意识；

b) 学生进入项目组，应进行知识产权提醒；

c) 在学生发表论文、进行学位答辩、学术交流等学术事务前，应进行信息披露审查；

d) 学生因毕业等原因离开科研组织时，可签署知识产权协议或保密协议。

【实施要点】

对科研组织的学生来说，可以参加科研组织组织的任何涉及知识产权的培训，提升知识产权意识。在参加或退出科研项目时，要明确负有的责任和义务，尤其是保密及其运用等。可以保留相关培训过程中形成的记录。

参加项目组的学生在论文发表、学位答辩、学术交流等学术事务前，需要向项目组组长或机构的知识产权管理人员（可以参照科研组织的制度执行）提出申请，获得批准后方可以进行，避免泄密。学生在参加项目研究之前，给以必要的知识产权提醒，如涉及研究信息保密等。学生离开科研组织时，根据情况可以考虑签订知识产权协议或保密协议，协议承担研究信息的保密责任和义务以及其他事务等。

4.4.2 科研设施管理

【标准条款6.2】
加强科研设施的知识产权管理，包括：
a) 采购实验用品、耗材、软件时进行知识产权审查；
b) 处理实验用过物品时应进行相应的知识产权检查；
c) 在仪器设备管理办法中明确知识产权要求，对外租借仪器设备时，应在租借合同中约定知识产权事务；
d) 国家重大科研基础设施和大型科研仪器向社会开放时，应保护用户身份信息以及在使用过程中形成的知识产权和科学数据，要求用户在发表著作、论文等成果时标注利用科研设施仪器的情况。

【实施要点】

针对科研组织的科研设施的知识产权管理，主要是针对实验仪器、设备等的采购、使用的管理。

（1）采购实验用品、耗材、软件时，采购合同中要明确知识产权条款，实验物品要进行相应的知识产权检查，核对实验所使用物品没有侵犯他人知识产权。采购合同和核对的物品应保留物品采购清单，清单中应该列出所采购物品名称、用途、采购时间、合同编号等基本信息。这些物品在试验过程中、试验后应予以检查核对，是否是伪劣产品等，检查单应该列出检查对象、检查人、检查时间等基本信息。

（2）国家重大科研基础设施和大型科研仪器给他人使用时，应保护用户身份信息以及在使用过程中形成的知识产权和科学数据，双方应签订协议，协议中应该要求用户在发表著作、论文等研究成果时标注利用科研设施仪器的情况。如有这种使用，应列出清单并及时维护。

（3）制定仪器设备管理办法。要明确相关知识产权的要求，比如采购中的知识产权要求、使用后产生的科研成果的知识产权要求等。对外租借仪器设备时，也同样要考虑相关知识产权的要求，应在租借合同中约定知识产权。

4.4.3 合同管理

【标准条款6.3】

加强合同中的知识产权管理,包括:

a) 对合同中知识产权条款进行审查,并形成记录;

b) 检索与分析、预警、申请、诉讼、侵权调查与鉴定、管理咨询等知识产权委外业务应签订书面合同,并约定知识产权权属、保密等内容;

c) 在进行委托开发或合作开发时,应签订书面合同,明确约定知识产权权属、许可及利益分配、后续改进的权属和使用、发明人的奖励和报酬、保密义务等;

d) 承担涉及国家重大专项等政府项目时,应理解该项目的知识产权管理规定,并按照要求进行管理。

【实施要点】

合同中的知识产权管理,要求知识产权管理部门要对相关合同进行知识产权条款审查,并形成审查记录。针对不同的合同,知识产权要求不同,审查的知识产权条款内容也不完全一样。对于检索与分析、预警、申请、诉讼、侵权调查与鉴定、管理咨询等知识产权委外业务签订的书面合同,合同中至少要约定知识产权权属、保密等内容;对于委托开发或合作开发时签订的书面合同,至少要明确约定知识产权权属、许可及利益分配、后续改进的权属和使用、发明人的奖励和报酬、保密义务等内容;若是承担涉及国家重大专项等政府项目时,应理解该项目的知识产权管理规定,并按照要求进行管理。其他还有人事劳动合同、采购合同等,应按照标准相应条款进行管理。

4.4.4 信息管理

【标准条款6.4】

加强知识产权信息管理,包括:

a) 建立信息收集渠道,及时获取所属领域、产业发展、有关主体的知识产权信息;

b）建立专利信息分析利用机制，对信息进行分类筛选和分析加工，形成产业发展、技术领域、专利布局等有关情报分析报告，并加以有效利用；

c）建立信息披露的知识产权审查机制。

【实施要点】

信息资源的管理，主要包括知识产权信息的获取、利用及其相应的管理。

知识产权信息资源的管理，应有相应的制度，当然制度是需要审批的。制度中应规定收集信息的渠道（收集信息的对象是所属领域、产业发展、有关主体的知识产权信息），获取的知识产权信息类型，获取信息的部门、时间和人员，涉密信息的管理。对收集的信息应按照一定的要求进行分类、筛选、分析加工并予以利用。应明确信息的管理要求以及信息披露的审查机制。

对知识产权信息的收集、分析、利用，是知识产权信息管理的重要内容。制度规定的部门和人员应及时在相应的渠道获取相关信息，在做好信息收集后，予以分析并形成结论，结论应有针对性的使用价值，最后形成报告。对向外界披露的涉及知识产权等的相关信息，应该有知识产权内容的审查机制，简单地说就是需要审批，形成信息发布申请单之类的记录。

4.5 科研项目管理

4.5.1 分类

【标准条款7.1】

根据科研项目来源和重要程度等对科研项目进行分类管理；科研项目应实行立项、执行、结题验收全过程知识产权管理，重大科研项目应配备知识产权专员。

【实施要点】

科研组织管理部门要对所有科研项目进行分类管理，列出清单，可以列出项目名称、组长（或项目负责人）、知识产权专员、立项时间、研究开始时间、预计结束时间、研究内容、是否重大项目等，应该涉及所有有关项目的基本信息。

4.5.2 立项

【标准条款7.2】

立项阶段的知识产权管理包括：

a）确认科研项目委托方的知识产权要求，制定知识产权工作方案，并确保相关人员知悉；

b）分析该科研项目所属领域的发展现状和趋势、知识产权保护状况和竞争态势，进行知识产权风险评估；

c）根据分析成果，优化科研项目研发方向，确定知识产权策略。

【实施要点】

确定科研项目时，要根据项目委托方或自主研发项目的目标，制定知识产权工作方案，主要是围绕项目的开展情况，明确项目的知识产权计划以及其他相关工作，并告知项目组成员及其管理人员。同时要评估项目的知识产权风险，评估的依据主要是该科研项目所属领域的发展现状和趋势、知识产权保护状况和竞争态势等方面的信息。根据分析成果，优化该科研项目的研发方向，确定知识产权策略。上述内容一般都体现在项目的立项报告书中。

4.5.3 执行

【标准条款7.3】

执行阶段的知识产权管理包括：

a）搜集和分析与科研项目相关的产业市场情报及知识产权信息等资料，跟踪与监控研发活动中的知识产权动态，适时调整研发策略和知识产权策略，持续优化科研项目研发方向；

b) 定期做好研发记录，及时总结和报告研发成果；

c) 及时对研发成果进行评估和确认，明确保护方式和权益归属，适时形成知识产权；

d) 对研发成果适时进行专利挖掘，形成有效的专利布局；

e) 研发成果对外发布前，进行知识产权审查，确保发布的内容、形式和时间符合要求；

f) 根据知识产权市场化前景初步确立知识产权运营模式。

【实施要点】

科研项目的实施研究阶段，首先，要做好该科研项目相关的产业市场情报及知识产权信息等资料的收集与分析，研究人员可以根据项目研发周期的长短和不同行业的特点，确定是否需要跟踪研究该领域的知识产权信息、文献情报，并根据最新披露的知识产权信息、文献情报，来判断该研究项目是否需要调整研究方向和技术路线。例如金银首饰的外观设计，一般就是几天或几周，其开发过程就无须跟踪。有一些领域研发周期比较长，如新药开发，长达十余年甚至几十年，其间必须定期跟踪检索相关专利信息、文献情报，一旦发现本研究的技术、产品或方法成为公开的现有技术等变化，就需要判断该研究项目是否需要调整研究方向和技术路线。因此每次跟踪检索有必要形成检索报告，确定好检索时间、检索人、检索网站、被检索信息的周期等，后期跟踪检索只需要定期维护即可。

其次，要做好研发记录和研发成果的管理。对研发记录要及时总结，向上级主管部门报告研发成果。一旦有了研发成果，要及时组织人员对研发成果进行评估和确认。参加评估的人员除了该项目领域的专家外，还应该有市场人员、知识产权工作人员、其他管理人员。评估的内容主要有五：一是明确保护方式，以何种方式来保护，如申请专利、商业秘密等；二是要确定权益归属，是职务发明还是非职务发明；三是何时形成什么样的知识产权以及后期的管理；四是相对于对研发成果进行专利挖掘，形成有效的专利布局；五是根据知识产权市场化前景初步确立知识产权运营模式，运营模式可以是与外单位合作，也可以是科研组织内部实施等。最终对项目研发过程及结果形成一套完整的有关知识产权的评估报告，报告涉及该项目知识产权的形成过程及其保护与运营的方法和思路。

最后，研发成果信息对外发布前，必须进行知识产权审查，要形成审查单。审查的内容至少要确保发布的内容、形式和时间符合要求，审查要有相关审查人员签字，并经上级主管人员签字同意。

4.5.4 结题验收

【标准条款7.4】
结题验收阶段的知识产权管理包括：
a）分析总结知识产权完成情况，确认科研项目符合委托方要求；
b）提交科研项目成果的知识产权清单，成果包括但不限于专利、文字作品、图形作品和模型作品、植物新品种、计算机软件、商业秘密、集成电路布图设计等；
c）整理科研项目知识产权成果并归档；
d）开展科研项目产出知识产权的分析，提出知识产权维护、开发、运营的方案建议。

【实施要点】

科研项目结束后，要形成总结报告。报告中要体现该项目知识产权完成情况，与当初的预期是否接近或一致。同时报告中列出科研项目成果的知识产权清单，成果包括但不限于专利、文字作品、图形作品和模型作品、植物新品种、计算机软件、商业秘密、集成电路布图设计等，还应对项目产出的知识产权进行分析，并提出相关知识产权的维护、开发、运营的方案建议。应将所有研发资料列出清单并归档保存。要按照文件存档管理方式进行交接转存，有相应的转存和交接签字记录。

4.6 知识产权运用

4.6.1 评估与分级管理

【标准条款8.1】

评估与分级管理中应满足以下要求：

a) 构建知识产权价值评估体系和分级管理制度，建立知识产权权属放弃程序；

b) 建立国家科研项目知识产权处置流程，使其符合国家相关法律法规的要求；

c) 组成评估专家组，定期从法律、技术、市场维度对知识产权进行价值评估和分级；

d) 对于有产业化前景的知识产权，建立转化策略，适时启动转化程序，需要二次开发的，应保护二次开发的技术成果，适时形成知识产权；

e) 评估知识产权转移转化过程中的风险，综合考虑投资主体、共同权利人的利益；

f) 建立知识产权转化后发明人、知识产权管理和转移人员的激励方案；

g) 科研组织在对科研项目知识产权进行后续管理时，可邀请项目组选派代表参与。

【实施要点】

首先要制定相关管理制度。制度中要明确知识产权价值评估、分级、放弃、激励及相关知识产权的处置流程。

科研机构要按照知识产权价值评估、分级、放弃等操作流程，对现有知识产权进行评估、分级等活动，并形成知识产权价值评估报告和分级清单。价值评估报告可以包含相关知识产权的价值、市场运用前景、转移转化对象及其策略、转化后的激励等内容。如由知识产权管理机构组织科研机构知识产权的价值评估，可邀请相关专业领域的专家、市场人员、管理人员和项目组成员等参与评估活动，保留评估会议记录并有评估结果，记录中应有参会人员签字。

4.6.2　实施和运营

【标准条款8.2】

实施和运营过程中应满足以下要求：

a) 制定知识产权实施和运营策略与规划；

b) 建立知识产权实施和运营控制流程；

c) 明确权利人和发明人和运营主体间的收益关系。

【实施要点】

科研机构需要制定知识产权实施和运营的制度文件，规范知识产权实施和运营的流程以及知识产权实施和运营的策略与规划、明确权利人和发明人及运营主体间的权利和责任以及收益关系等内容。如知识产权实施与运营过程中申请评估，参加评估的人员组成可以有研究人员、知识产权管理人员、市场人员等，主要评估相关知识产权如何实施和运营，实施和运营的基本流程，确定实施和运营的牵头部门、审批部门及人员、评估的组成人员等。

有实施和运营的知识产权，须依据相关制度来操作，同时须保留相关记录。

4.6.3　许可和转让

【标准条款8.3】

许可和转让过程中应满足以下要求：

a) 许可和转让前进行知识产权尽职调查，确保相关知识产权的有效性；

b) 知识产权许可和转让应签订书面合同，明确双方的权利和义务。其中许可合同应当明确规定许可方式、范围、期限等；

> c) 监控许可和转让流程，预防与控制许可和转让风险，包括合同的签署、备案、变更、中止与终止，以及知识产权权属的变更等。

【实施要点】

在涉及知识产权许可或转让时，首先要做好尽职调查，确保相关知识产权在许可或转让前后的有效性，确定知识产权的价值、许可和转让对象的基本情况及其许可和转让的影响等；其次应在许可或转让合同中明确双方的权利和义务，其中许可合同应当明确约定许可方式、范围、期限等。

知识产权管理机构要制定监控许可或转让流程的文件，使许可或转让活动有一定的程序支撑。程序文件中对合同的签署、备案、变更、执行、中止与终止，以及知识产权权属的变更等，都要有明确的约定，及时预防与控制知识产权的交易风险。根据许可或转让的规定，实施许可和转让的每项活动都要有相关记录，并且符合相关要求。

4.6.4 作价投资

> 【标准条款8.4】
> 作价投资过程中应满足以下要求：
> a) 调查技术需求方以及合作方的经济实力、管理水平、所处行业、生产能力、技术能力、营销能力等；
> b) 根据需要选择有资质的第三方进行知识产权价值评估；
> c) 签订书面合同，明确受益方式和比例。

【实施要点】

在利用知识产权作价投资时，科研组织的知识产权管理部门要对投资对象进行调查，形成调查报告，报告主要应包括投资对象的经济实力、管理水平、生产能力、技术能力、营销能力等内容，最终以确定是否合适。如确定合适，最好请第三方对拟投资的知识产权进行价值评估，以确定投资比例。在签订书面合同时，合同中应明确双方的权利和责任、以后的受益方式和利益分配比例等。

4.7 知识产权保护

【标准条款9.3】

应做好知识产权的保护工作，防止被侵权和知识产权流失：

a) 规范科研组织的名称、标志、徽章、域名及服务标记的使用，需要商标保护的及时申请注册；

b) 规范著作权的使用和管理，建立在核心期刊上发表学术论文的统计工作机制，明确员工和学生在发表论文时标注主要参考文献、利用国家重大科研基础设施和大型科研仪器情况的要求；

c) 加强未披露的信息专有权的保密管理，规定涉密信息的保密等级、期限和传递、保存及销毁的要求，明确涉密人员、设备、区域；

d) 明确职务发明创造、委托开发、合作开发以及参与知识产权联盟、协同创新组织等情况下的知识产权归属、许可及利益分配、后续改进的权属等事项；

e) 建立知识产权纠纷应对机制，制定有效的风险规避方案；及时发现和监控知识产权风险，避免侵犯他人知识产权；及时跟踪和调查相关知识产权被侵犯的情况，适时通过行政和司法途径主动维权，有效保护自身知识产权。

【实施要点】

科研组织做好知识产权的保护工作，主要有：

（1）制定制度，对科研组织的名称、标志、徽章、域名及服务标记的使用进行规定，对不合理的使用进行界定并规定处罚措施等。对于一些需要采取商标保护的，由相关部门及时申请注册；一般将科研组织的名称、标志、徽章、域名及服务标记等列出清单，对其适用范围及是否注册商标进行登记。

（2）规范著作权的使用和管理，尤其是在核心期刊上发表学术论文或出版著作等，要有人员统计并进行审批，明确员工和学生在发表论文时标注主要参考文献、利用国家重大科研基础设施和大型科研仪器情况的要求。著作权非常重要，尤其是发表论文或著作，要有发表论文或著作清单，列出论文（著作）名称、作者、项目名称、论文审批单、审批人、出版时间、投稿期刊等。论文审批单中要注意审查所发表的论文是否标注主要参考文献以及利用国家重大科研基础设施和大型科研仪器情况的要求。

（3）对未披露的信息专有权的保密管理，要制定涉密信息的保密等级、期限和传递、保存及销毁，以及涉密人员、设备、区域的保密管理程序。具体实施中可以列出保密信息清单，根据相关规定，对涉密信息标记上保密等级、保存期限；同时有信息交接清单，清单上有交接人、保管部门。过期销毁的应该有销毁清单，清单上至少要列出销毁文件名称、销毁方式、销毁时间、监督人等。涉密人员、设备、区域也应该列出清单，具体管理方式可按照文件规定进行管理。

（4）明确职务发明创造、委托开发、合作开发以及参与知识产权联盟、协同创新组织等情况下的知识产权归属、许可及利益分配、后续改进的权属等事项。可以在人事合同、开发合同以及联盟章程中对知识产权归属、许可及利益分配、后续改进的权属等事项有针对性地进行约定。

（5）知识产权风险的监控，首先要有制定知识产权风险规避和应对机制的制度，制度要包含后续的相关活动的具体开展步骤、时间间隔等。其次在监控方面要开展的工作，一般由相关部门或课题管理人员根据需要确定监控时间，三个月或半年监控一次等，具体时间可以根据组织情况确定。主要有两个方面的活动开展，一是避免侵犯他人知识产权，对于有科技成果产业化的，其监控不仅仅是对研究人员的监控、研究过程的监控，而且是对生产过程的监控、销售过程的监控、采购过程的监控等，以及对应用的研究设备、办公设备、软件等产品都需要监控，以便及时了解有无侵犯他人知识产权的情况；二是对科研组织的知识产权是否存在被别人侵犯的情况，主要方式是检索公开的知识产权信息和调查市场销售的相关产品是否有涉及科研组织知识产权的产品在销售。所有监控的方法经过实施后，须保留监控记录，记录中应列出监控对象、基本情况、涉密情况等。

4.8 资源保障

4.8.1 条件保障

【标准条款10.1】
根据需要配备相关资源，支持知识产权管理体系的运行，包括：
a) 软硬件设备，如知识产权管理软件、计算机和网络设施等；
b) 办公场所。

【实施要点】
根据知识产权管理体系运行的需要，配备相关资源，包括软硬件设备（如知识产权管理软件、计算机和网络设施等）和办公场所。

实施过程中，应有设备登记表，登记相关设备名录、型号、使用情况，并有持续维护记录，保证相关设备设施正常运转。

4.8.2 财务保障

【标准条款10.2】
设立经常性预算费用，用于：
a) 知识产权申请、注册、登记、维持；
b) 知识产权检索、分析、评估、运营、诉讼；
c) 知识产权管理机构和服务支撑机构运行；
d) 知识产权管理信息化；
e) 知识产权信息资源
f) 知识产权激励；
g) 知识产权培训；
h) 其他知识产权工作。

【实施要点】
科研组织应制定知识产权费用的预算，出具知识产权费用年度预算表。预算的项目可以涉及知识产权的申请、注册、登记、维持、检索、分析、评估、运营、诉讼、激励、培训、信息化管理、机构运行等工作。科研组织可以根据具体情况制定费用预算，可以预见的项目必须有预算，比如申请、维持、激励、培训等，并形成表格。具体实施时可结合现有知识产权相关业务和知识产权目标等情况来进行。

4.9 检查和改进

4.9.1 检查监督

【标准条款11.1】

定期开展检察监督，根据监督检查的结果，对照知识产权方针、目标，制定和落实改进措施，确保知识产权管理体系的适宜性和有效性。

【实施要点】

定期开展检察监督活动，一般半年或一年实施一次，并根据监督检查的结果，对照知识产权方针、目标，制定和落实改进措施，确保知识产权管理体系的适宜性和有效性。

可以参照第1章第1.4节内部审核的要求开展检察监督工作，形成检查计划、检查记录、会议签到表、检查报告、不符合项及其整改材料等记录。根据检查结果及时修改，确保知识产权管理体系的适宜性和有效性。

4.9.2 评审改进

【标准条款11.2】

最高管理者应定期评审知识产权管理体系的适宜性和有效性，制定落实改进措施，确保与科研组织的战略方向一致。

【实施要点】

最高管理者应定期组织评审，一般半年或一年一次，主要是评审知识产权管理体系的适宜性和有效性。适宜性主要是指组织实施的体系是否有益,有效性主要是指规定的活动是否都有持续开展及其提高和完善的机制。科研组织应根据评审的结果来制定落实改进措施。评审内容可以是知识产权方针的适宜性和有效性、知识产权目标的适宜性和有效性、内部检查监督的结果、各个部门实施体系的结果等,评审内容及其改进措施等一般应写在评审报告中。

附 录

知识产权认证管理办法

第一章 总则

第一条 为了规范知识产权认证活动，提高其有效性，加强监督管理，根据《中华人民共和国专利法》《中华人民共和国商标法》《中华人民共和国著作权法》《中华人民共和国认证认可条例》《认证机构管理办法》等法律、行政法规以及部门规章的规定，制定本办法。

第二条 本办法所称知识产权认证，是指由认证机构证明法人或者其他组织的知识产权管理体系、知识产权服务符合相关国家标准或者技术规范的合格评定活动。

第三条 知识产权认证包括知识产权管理体系认证和知识产权服务认证。

知识产权管理体系认证是指由认证机构证明法人或者其他组织的内部知识产权管理体系符合相关国家标准或者技术规范要求的合格评定活动。

知识产权服务认证是指由认证机构证明法人或者其他组织提供的知识产权服务符合相关国家标准或者技术规范要求的合格评定活动。

第四条 国家认证认可监督管理委员会（以下简称国家认监委）、国家知识产权局按照统一管理、分工协作、共同实施的原则，制定、调整和发布认证目录、认证规则，并组织开展认证监督管理工作。

第五条　知识产权认证坚持政府引导、市场驱动，实行目录式管理。

第六条　国家鼓励法人或者其他组织通过开展知识产权认证提高其知识产权管理水平或者知识产权服务能力。

第七条　知识产权认证采用统一的认证标准、技术规范和认证规则，使用统一的认证标志。

第八条　在中华人民共和国境内从事知识产权认证及其监督管理适用本办法。

第二章　认证机构和认证人员

第九条　从事知识产权认证的机构（以下简称认证机构）应当依法设立，符合《中华人民共和国认证认可条例》、《认证机构管理办法》规定的条件，具备从事知识产权认证活动的相关专业能力要求，并经国家认监委批准后，方可从事批准范围内的认证活动。

国家认监委在批准认证机构资质时，涉及知识产权专业领域问题的，可以征求国家知识产权局意见。

第十条　认证机构可以设立分支机构、办事机构，并自设立之日起30日之内向国家认监委和国家知识产权局报送相关信息。

第十一条　认证机构从事认证审核（审查）的人员应当为专职认证人员，满足从事知识产权认证活动所需的相关知识与技能要求，并符合国家认证人员职业资格的相关要求。

第三章　行为规范

第十二条　认证机构应当建立风险防范机制，对其从事认证活动可能引发的风险和责任，采取合理、有效的防范措施。

第十三条　认证机构不得从事与其认证工作相关的咨询、代理、培训、信息分析等服务以及产品开发和营销等活动，不得与认证咨询机构和认证委托人在资产、管理或者人员上存在利益关系。

第十四条　认证机构及其认证人员对其从业活动中所知悉的国家秘密、商业秘密和技术秘密负有保密义务。

第十五条　认证机构应当履行以下职责：

（一）在批准范围内开展认证工作；

（二）对获得认证的委托人出具认证证书，允许其使用认证标志；

（三）对认证证书、认证标志的使用情况进行跟踪检查；

（四）对认证的持续符合性进行监督审核；

（五）受理有关的认证申诉和投诉。

第十六条　认证机构应当建立保证认证活动规范有效的内部管理、制约、监督和责任机制，并保证其持续有效。

第十七条　认证机构应当对分支机构实施有效管理，规范其认证活动，并对其认证活动承担相应责任。

分支机构应当建立与认证机构相同的管理、制约、监督和责任机制。

第十八条　认证机构应当依照《认证机构管理办法》的规定，公布并向国家认监委报送相关信息。

前款规定的信息同时报送国家知识产权局。

第十九条　认证机构应当建立健全人员管理制度以及人员能力准则，对所有实施审核（审查）和认证决定等认证活动的人员进行能力评价，保证其能力持续符合准则要求。

认证人员应当诚实守信，恪尽职守，规范运作。

第二十条　认证机构及其认证人员应当对认证结果负责并承担相应法律责任。

第四章　认证实施

第二十一条　认证机构从事认证活动，应当按照知识产权认证基本规范、认证规则的规定从事认证活动，作出认证结论，确保认证过程完整、客观、真实，不得增加、减少或者遗漏认证基本规范、认证规则规定的程序要求。

第二十二条　知识产权管理体系认证程序主要包括对法人或者其他组织经营过程中涉及知识产权创造、运用、保护和管理等文件和活动的审核，获证后的监督审核，以及再认证审核。

知识产权服务认证程序主要包括对提供知识产权服务的法人或者其他组织的服务质量特性、服务过程和管理实施评审，获证后监督审查，以及再认证评审。

第二十三条 被知识产权行政管理部门或者其他部门责令停业整顿，或者纳入国家信用信息失信主体名录的认证委托人，认证机构不得向其出具认证证书。

第二十四条 认证机构应当对认证全过程作出完整记录，保留相应认证记录、认证资料，并归档留存。认证记录应当真实、准确，以证实认证活动得到有效实施。

第二十五条 认证机构应当在认证证书有效期内，对认证证书持有人是否持续满足认证要求进行监督审核。初次认证后的第一次监督审核应当在认证决定日期起12个月内进行，且两次监督审核间隔不超过12个月。每次监督审核内容无须与初次认证相同，但应当在认证证书有效期内覆盖整个体系的审核内容。

认证机构根据监督审核情况作出认证证书保持、暂停或者撤销的决定。

第二十六条 认证委托人对认证机构的认证决定或者处理有异议的，可以向认证机构提出申诉或者投诉。对认证机构处理结果仍有异议的，可以向国家认监委或者国家知识产权局申诉或者投诉。

第五章 认证证书和认证标志

第二十七条 知识产权认证证书（以下简称认证证书）应当包括以下基本内容：

（一）认证委托人的名称和地址；

（二）认证范围；

（三）认证依据的标准或者技术规范；

（四）认证证书编号；

（五）认证类别；

（六）认证证书出具日期和有效期；

（七）认证机构的名称、地址和机构标志；

（八）认证标志；

（九）其他内容。

第二十八条 认证证书有效期为3年。

有效期届满需再次认证的，认证证书持有人应当在有效期届满3个月前向认证机构申请再认证，再认证的认证程序与初次认证相同。

第二十九条 知识产权认证采用国家推行的统一的知识产权认证标志（以下简称认证标志）。认证标志的样式由基本图案、认证机构识别信息组成。知识产权管理体系认证基本图案见图1所示，知识产权服务认证体系的基本图案见图2所示，其中 ABCDE 代表机构中文或者英文简称：

图1　知识产权管理体系认证基本图案

图2　知识产权服务认证基本图案

第三十条　认证证书持有人应当正确使用认证标志。

认证机构应当按照认证规则的规定，针对不同情形，及时作出认证证书的变更、暂停或者撤销处理决定，且应当采取有效措施，监督认证证书持有人正确使用认证证书和认证标志。

第三十一条　认证机构应当向公众提供查询认证证书有效性的方式。

第三十二条　任何组织和个人不得伪造、变造、冒用、非法买卖和转让认证证书和认证标志。

第六章　监督管理

第三十三条　国家认监委和国家知识产权局建立知识产权认证监管协同机制，对知识产权认证机构实施监督检查，发现违法违规行为的，依照《认证认可条例》、《认证机构管理办法》等法律法规的规定进行查处。

第三十四条　地方各级质量技术监督部门和各地出入境检验检疫机构（以下统称地方认证监管部门）、地方知识产权行政管理部门依照各自法定职责，建立相应的监管协同机制，对所辖区域内的知识产权认证活动实施监督检查，查处违法违规行为，并及时上报国家认监委和国家知识产权局。

第三十五条　认证机构在资质审批过程中存在弄虚作假、隐瞒真实情况或者不再符合认证机构资质条件的，由国家认监委依法撤销其资质。

第三十六条　认证人员在认证过程中出具虚假认证结论或者认证结果严重失实的，依照国家关于认证人员的相关规定处罚。

第三十七条　认证机构、认证委托人和认证证书持有人应当对认证监管部门实施的监督检查工作予以配合，对有关事项的询问和调查如实提供相关材料和信息。

第三十八条　违反有关认证认可法律法规的违法行为，从其规定予以处罚。

第三十九条　任何组织和个人对知识产权认证违法违规行为，有权向各级认证监管部门、各级知识产权行政管理部门举报。各级认证监管部门、各级知识产权行政管理部门应当及时调查处理，并为举报人保密。

第七章　附则

第四十条　本办法由国家认监委、国家知识产权局负责解释。

第四十一条　本办法自2018年4月1日起施行。国家认监委和国家知识产权局于2013年11月6日印发的《知识产权管理体系认证实施意见》（国认可联〔2013〕56号）同时废止。

CNAS-CC01：2015
管理体系认证机构要求
（对认证过程的要求，节选）

9　过程要求

9.1　认证前的活动

9.1.1　申请

认证机构应要求申请组织的授权代表提供必要的信息，以便认证机构确定：

a）申请认证的范围；

b）特定认证方案所要求的申请组织的相关详细情况，包括其名称、场所的地址、过程和运作的重要方面、人力资源和技术资源、职能、关系以及任何相关的法律义务；

c）识别申请组织采用的所有影响符合性的外包过程；

d）申请组织寻求认证的标准或其他要求；

e）是否接受过与拟认证的管理体系有关的咨询，如果接受过，由谁提供咨询。

9.1.2　申请评审

9.1.2.1　认证机构应对认证申请及补充信息进行评审，以确保：

a）关于申请组织及其管理体系的信息足以建立审核方案（见9.1.3）；

b）解决了认证机构与申请组织之间任何已知的理解差异；

c) 认证机构有能力并能够实施认证活动;

d) 考虑了申请的认证范围、申请组织的运作场所、完成审核需要的时间和任何其他影响认证活动的因素（语言、安全条件、对公正性的威胁等）。

9.1.2.2 在申请评审后，认证机构应接受或拒绝认证申请。当认证机构基于申请评审的结果拒绝认证申请时，应记录拒绝申请的原因并使客户清楚拒绝的原因。

9.1.2.3 根据上述评审，认证机构应确定审核组及进行认证决定需要具备的能力。

9.1.3 审核方案

9.1.3.1 应对整个认证周期制定审核方案，以清晰地识别所需的审核活动，这些审核活动用以证实客户的管理体系符合认证所依据标准或其他规范性文件的要求。认证周期的审核方案应覆盖全部的管理体系要求。

9.1.3.2 初次认证审核方案应包括两阶段初次审核、认证决定之后的第一年与第二年的监督审核和第三年在认证到期前进行的再认证审核。第一个三年的认证周期从初次认证决定算起。以后的周期从再认证决定（见9.6.3.2.3）算起。审核方案的确定和任何后续调整应考虑客户的规模，其管理体系、产品和过程的范围与复杂程度，以及经过证实的管理体系有效性水平和以前审核的结果。

注1：附录E提供了一个典型的审核与认证过程的流程图。

注2：下面列举了建立或修改审核方案时可能需要考虑的其他事项，在确定审核范围和编制审核计划时可能也需要考虑这些事项：

——认证机构收到的对客户的投诉；

——结合、一体化或联合审核；

——认证要求的变化；

——法律要求的变化；

——认可要求的变化；

——组织的绩效数据（例如缺陷水平、关键绩效指标（KPI）数据等）；

——利益相关方的关注。

注3：如果特定的行业认证方案有规定，认证周期可以不为3年。

9.1.3.3 监督审核应至少每个日历年（应进行再认证的年份除外）进行一次。初次认证后的第一次监督审核应在认证决定日期起12个月内进行。

注：为了考虑诸如季节或有限时段的管理体系认证（例如临时施工场所）等因素，可能有必要调整监督审核的频次。

9.1.3.4 如果认证机构考虑客户已获的认证或由另一认证机构实施的审核，则应获取并保留充足的证据，例如报告和对不符合采取的纠正措施的文件。所获取的文件应为满足本文件要求提供支持。认证机构应根据获取的信息证明对审核方案的任何调整的合理性，并予以记录，并对以前不符合的纠正措施的实施进行跟踪。

9.1.3.5 如果客户采用轮班作业，应在建立审核方案和编制审核计划时考虑在轮班工作中发生的活动。

9.1.4 确定审核时间

9.1.4.1 认证机构应有形成文件的确定审核时间的程序。认证机构应针对每个客户确定策划和完成对其管理体系的完整有效审核所需的时间。

9.1.4.2 在确定审核时间时，认证机构应考虑（但不限于）以下方面：

a）相关管理体系标准的要求；

b）客户及其管理体系的复杂程度；

c）技术和法规环境；

d）管理体系范围内活动的分包情况；

e）以前审核的结果；

f）场所的数量和规模、地理位置以及对多场所的考虑；

g）与组织的产品、过程或活动相关联的风险；

h）是否是结合审核、联合审核或一体化审核。

注1：往返于审核场所之间所花费的时间不计入管理体系认证审核时间。

注2：认证机构在制定文件化过程时，可以使用ISO/IEC TS 17023建立的指南来确定管理体系认证审核时间。

在已为特定的认证方案确定了特定的准则时，例如 ISO/TS 22003（CNAS-CC18）或 ISO/IEC 27006（CNAS-CC17），这些特定准则应得到采用。

9.1.4.3　认证机构应记录管理体系审核的时间及其合理性。

9.1.4.4　未被指派为审核员的审核组成员（即技术专家、翻译人员、观察员和实习审核员）所花费的时间不应计入上面所确定的审核时间。

注：使用翻译人员可能需要额外增加审核时间。

9.1.5　多场所的抽样

当客户管理体系包含在多个地点进行的相同活动时，如果认证机构在审核中使用多场所抽样，则应制定抽样方案以确保对该管理体系的正确审核。认证机构应针对每个客户将抽样计划的合理性形成文件。一些特定的认证方案不允许抽样，如果特定认证方案已经建立了具体准则（例如 ISO/TS 22003（CNAS-CC18）），应采用这些准则。

注：当多场所不是覆盖相同的活动时，抽样是不适宜的。

9.1.6　多管理体系标准

认证机构在提供依据多个管理体系标准进行认证时，审核策划应确保充分的现场审核，以提供对认证的信任。

9.2　策划审核

9.2.1　确定审核目的、范围和准则

9.2.1.1　审核目的应由认证机构确定。审核范围和准则，包括任何更改，应由认证机构在与客户商讨后确定。

9.2.1.2　审核目的应说明审核要完成什么，并应包括下列内容：

a) 确定客户管理体系或其部分与审核准则的符合性；

b) 确定管理体系确保客户满足适用的法律、法规及合同要求的能力；

注：管理体系认证审核不是合规性审核。

c) 确定管理体系在确保客户可以合理预期实现其规定目标方面的有效性；

d) 适用时，识别管理体系的潜在改进区域。

9.2.1.3　审核范围应说明审核的内容和界限，例如拟审核的场所、组织单元、活动及过程。当初次认证或再认证过程包含一次以上审核（例如覆盖不同场所的审核）时，单次审核的范围可能并不覆盖整个认证范围，但整个审核所覆盖的范围应与认证文件中的范围一致。

9.2.1.4 审核准则应被用作确定符合性的依据，并应包括：

——所确定的管理体系规范性文件的要求；

——所确定的由客户制定的管理体系的过程和文件。

9.2.2 选择和指派审核组

9.2.2.1 总则

9.2.2.1.1 认证机构应有根据实现审核目的所需的能力以及公正性要求来选择和任命审核组（包括审核组长以及必要的技术专家）的过程。如果仅有一名审核员，该审核员应有能力履行适用于该审核的审核组长职责。审核组应整体上具备认证机构按照9.1.2.3确定的审核能力。

9.2.2.1.2 决定审核组的规模和组成时，应考虑下列因素：

a）审核目的、范围、准则和预计的审核时间；

b）是否是结合、联合或一体化审核；

c）实现审核目的所需的审核组整体能力（见表A.1）；

d）认证要求（包括任何适用的法律、法规或合同要求）；

e）语言和文化；

注：结合审核或一体化审核的审核组长宜至少对一个标准有深入的知识，并了解该审核所使用的其他标准。

9.2.2.1.3 审核组长和审核员所需的知识和技能可以通过技术专家和翻译人员补充。技术专家和翻译人员应在审核员的指导下工作。使用翻译人员时，翻译人员的选择要避免他们对审核产生不正当影响。

注：技术专家的选择准则根据每次审核的审核组和审核范围的需要为基础确定。

9.2.2.1.4 实习审核员可以参与审核，此时要指派一名审核员作为评价人员。评价人员应有能力接管实习审核员的任务，并对实习审核员的活动和审核发现最终负责。

9.2.2.1.5 审核组长在与审核组商议后，应向每个审核组成员分配对特定过程、职能、场所、区域或活动实施审核的职责。所进行的分配应考虑到所需的能力、有效并高效地使用审核组以及审核员、实习审核员和技术专家的不同作用和职责。在审核进程中，为确保实现审核目的，可以改变工作分配。

9.2.2.2 观察员、技术专家和向导

9.2.2.2.1 观察员

认证机构与客户应在实施审核前就审核活动中观察员的到场及理由达成一致。审核组应确保观察员不对审核过程或审核结果造成不当影响或干预。

注：观察员可以是客户组织的成员、咨询人员、实施见证的认可机构人员、监管人员或其他有合理理由的人员。

9.2.2.2.2 技术专家

认证机构应在实施审核前与客户就技术专家在审核活动中的作用达成一致。技术专家不应担任审核组中的审核员。技术专家应由审核员陪同。

注：技术专家可以就审核准备、策划或审核向审核组提出建议。

9.2.2.2.3 向导

每个审核员应由一名向导陪同，除非审核组长与客户另行达成一致。为审核组配备向导是为了方便审核。审核组应确保向导不影响或不干预审核过程或审核结果。

注1：向导的职责可以包括：

a) 为面谈建立联系或安排时间；

b) 安排对现场或组织的特定部分的访问；

c) 确保审核组成员知道并遵守关于现场安全和安保程序的规则；

d) 代表客户观察审核；

e) 应审核员请求提供澄清或信息。

注2：适宜时，受审核方也可以担任向导。

9.2.3 审核计划

9.2.3.1 总则

认证机构应确保为审核方案中确定的每次审核编制审核计划，以便为有关各方就审核活动的日程安排和实施达成一致提供依据。

注：不期望认证机构在建立审核方案时，为每次审核都编制审核计划。

9.2.3.2 编制审核计划

审核计划应与审核目的和范围相适应。审核计划至少应包括或引用：

a）审核目的；

b）审核准则；

c）审核范围，包括识别拟审核的组织和职能单元或过程；

d）拟实施现场审核活动（适用时，包括对临时场所的访问和远程审核活动）的日期和场所；

e）预计的现场审核活动持续时间；

f）审核组成员及与审核组同行的人员（例如观察员或翻译）的角色和职责。

注：审核计划的信息可以包含在一个以上的文件中。

9.2.3.3 审核组任务的沟通

认证机构应明确说明审核组的任务。认证机构应要求审核组：

a）检查和验证客户与管理体系标准相关的结构、方针、过程、程序、记录及相关文件；

b）确定上述方面满足与拟认证范围相关的所有要求；

c）确定客户组织有效地建立、实施并保持了管理体系过程和程序，以便为建立对客户管理体系的信任提供基础；

d）告知客户其方针、目标及指标的任何不一致，以使其采取措施。

9.2.3.4 审核计划的沟通

认证机构应提前与客户就审核计划进行沟通，并商定审核日期。

9.2.3.5 审核组成员信息的通报

认证机构应向客户提供审核组每位成员的姓名，并在客户请求时使其能够了解每位成员的背景情况。认证机构应留出足够的时间，以使客户能够对某一审核组成员的任命表示反对，并在反对有效时使认证机构能够重组审核组。

9.3 初次认证

9.3.1 初次认证审核

9.3.1.1 总则

管理体系的初次认证审核应分两个阶段实施：第一阶段和第二阶段。

9.3.1.2 第一阶段

9.3.1.2.1 策划应确保第一阶段的目的能够实现,应告知第一阶段需实施的任何现场活动。

注:第一阶段不要求正式的审核计划(见9.2.3)。

9.3.1.2.2 第一阶段的目的为:

a) 审核客户的文件化的管理体系信息;

b) 评价客户现场的具体情况,并与客户的人员进行讨论,以确定第二阶段的准备情况;

c) 审查客户理解和实施标准要求的情况,特别是对管理体系的关键绩效或重要的因素、过程、目标和运作的识别情况;

d) 收集关于客户的管理体系范围的必要信息,包括:

——客户的场所;

——使用的过程和设备;

——所建立的控制的水平(特别是客户为多场所时);

——适用的法律法规要求。

e) 审查第二阶段所需资源的配置情况,并与客户商定第二阶段的细节;

f) 结合管理体系标准或其他规范性文件充分了解客户的管理体系和现场运作,以便为策划第二阶段提供关注点;

g) 评价客户是否策划和实施了内部审核与管理评审,以及管理体系的实施程度能否证明客户已为第二阶段做好准备。

注:如果至少部分第一阶段活动在客户场所实施,这能有助于达到上述目的。

9.3.1.2.3 认证机构应将第一阶段目的是否达到及第二阶段是否准备就绪的书面结论告知客户,包括识别任何引起关注的、在第二阶段可能被判定为不符合的问题。

注:第一阶段的输出不必满足审核报告的所有要求(见9.4.8)。

9.3.1.2.4 认证机构在确定第一阶段和第二阶段的间隔时间时,应考虑客户解决第一阶段识别的任何需关注问题所需的时间。认证机构也可能需要调整第二阶段的安排。如果发生任何将影响管理体系的重要变更,认证机构应考虑是否有必要重复整个或部分第一阶段。认证机构应告知客户第一阶段的结果有可能导致推迟或取消第二阶段。

9.3.1.3　第二阶段

第二阶段的目的是评价客户管理体系的实施情况，包括有效性。第二阶段应在客户的现场进行，并至少覆盖以下方面：

a）与适用的管理体系标准或其他规范性文件的所有要求的符合情况及证据；

b）依据关键绩效目标和指标（与适用的管理体系标准或其他规范性文件的期望一致），对绩效进行的监视、测量、报告和评审；

c）客户管理体系的能力以及在符合适用法律法规要求和合同要求方面的绩效；

d）客户过程的运作控制；

e）内部审核和管理评审；

f）针对客户方针的管理职责。

9.3.1.4　初次认证的审核结论

审核组应对在第一阶段和第二阶段中收集的所有信息和证据进行分析，以评审审核发现并就审核结论达成一致。

9.4　实施审核

9.4.1　总则

认证机构应有实施现场审核的过程。该过程应包括审核开始时的首次会议和审核结束时的末次会议。

当审核的任何部分以电子手段实施时，或拟审核的场所为虚拟场所时，认证机构应确保由具备适宜能力的人员实施此类活动。在此类审核活动中获取的证据应足以让审核员对相关要求的符合性做出有根据的决定。

注："现场"审核可以包括对包含管理体系审核相关信息的电子化场所的远程访问。也可以考虑使用电子手段实施审核。

9.4.2　召开首次会议

应与客户的管理层（适用时，还包括拟审核职能或过程的负责人员）召开正式的首次会议。首次会议通常由审核组长主持，会议目的是简要解释将如何进行审核活动。详略程度可与客户对审核过程的熟悉程度相一致，并应考虑下列方面：

a）介绍参会人员，包括简要介绍其角色；

b）确认认证范围；

c）确认审核计划（包括审核的类型、范围、目的和准则）及其任何变化，以及与客户的其他相关安排，例如末次会议的日期和时间，审核期间审核组与客户管理层的会议的日期和时间；

d）确认审核组与客户之间的正式沟通渠道；

e）确认审核组可获得所需的资源和设施；

f）确认与保密有关的事宜；

g）确认适用于审核组的相关的工作安全、应急和安保程序；

h）确认可得到向导和观察员及其角色和身份；

i）报告的方法，包括审核发现的任何分级；

j）说明可能提前终止审核的条件；

k）确认审核组长和审核组代表认证机构对审核负责，并应控制审核计划（包括审核活动和审核路径）的执行；

l）适用时，确认以往评审或审核的发现的状态；

m）基于抽样实施审核的方法和程序；

n）确认审核中使用的语言；

o）确认在审核中将告知客户审核进程及任何关注点；

p）让客户提问的机会。

9.4.3　审核中的沟通

9.4.3.1　在审核中，审核组应定期评估审核的进程，并沟通信息。审核组长应在需要时在审核组成员之间重新分配工作，并定期将审核进程及任何关注告知客户。

9.4.3.2　当可获得的审核证据显示审核目的无法实现，或显示存在紧急和重大的风险（例如安全风险）时，审核组长应向客户（如果可能还应向认证机构）报告这一情况，以确定适当的行动。该行动可以包括重新确认或修改审核计划，改变审核目的或审核范围，或者终止审核。审核组长应向认证机构报告所采取行动的结果。

9.4.3.3 如果在现场审核活动的进行中发现需要改变审核范围，审核组长应与客户审查该需要，并报告认证机构。

9.4.4 获取和验证信息

9.4.4.1 在审核中应通过适当的抽样来获取与审核目的、范围和准则相关的信息（包括与职能、活动和过程之间的接口有关的信息），并对这些信息进行验证，使之成为审核证据。

9.4.4.2 信息获取方法应包括（但不限于）：

a) 面谈；

b) 对过程和活动进行观察；

c) 审查文件和记录。

9.4.5 确定和记录审核发现

9.4.5.1 应确定审核发现（概述符合性并详细描述不符合），并予以分级和报告，以能够为认证决定或保持认证提供充分的信息。

9.4.5.2 可以识别和记录改进机会，除非某一管理体系认证方案的要求禁止这样做。但是属于不符合的审核发现不应作为改进机会予以记录。

9.4.5.3 关于不符合的审核发现应对照具体要求予以记录，包含对不符合的清晰陈述（详细标识不符合所基于的客观证据）。应与客户讨论不符合，以确保证据准确且不符合得到理解。但是，审核员应避免提示不符合的原因或解决方法。

9.4.5.4 审核组长应尝试解决审核组与客户之间关于审核证据或审核发现的任何分歧意见，未解决的分歧点应予以记录。

9.4.6 准备审核结论

在末次会议前，由审核组长负责，审核组应：

a) 对照审核目的和审核准则，审查审核发现和审核中获得的任何其他适用的信息，并对不符合分级；

b) 考虑审核过程中内在的不确定性，就审核结论达成一致；

c) 就任何必要的跟踪活动达成一致；

d) 确认审核方案的适宜性，或识别任何为将来的审核所需要的修改

（例如认证范围、审核时间或日期、监督频次、审核组能力）。

9.4.7 召开末次会议

9.4.7.1 应与客户的管理层（适用时，还包括所审核的职能或过程的负责人员）召开正式的末次会议，并记录参加人员。末次会议通常由审核组长主持，会议目的是提出审核结论，包括关于认证的推荐性意见。不符合应以使其被理解的方式提出，并应就回应的时间表达成一致。

注："被理解"不一定意味着客户已经接受了不符合。

9.4.7.2 末次会议还应包括下列内容，其详略程度应与客户对审核过程的熟悉程度一致：

a) 向客户说明所获取的审核证据基于对信息的抽样，因而会有一定的不确定性；

b) 进行报告的方法和时间表，包括审核发现的任何分级；

c) 认证机构处理不符合（包括与客户认证状态有关的任何结果）的过程；

d) 客户为审核中发现的任何不符合的纠正和纠正措施提出计划的时间表；

e) 认证机构在审核后的活动；

f) 说明投诉和申诉处理过程。

9.4.7.3 客户应有机会提出问题。审核组与客户之间关于审核发现或结论的任何分歧意见应得到讨论并尽可能获得解决。任何未解决的分歧意见应予以记录并提交认证机构。

9.4.8 审核报告

9.4.8.1 认证机构应为每次审核向客户提供书面报告。审核组可以识别改进机会，但不应提出具体解决办法的建议。认证机构应享有对审核报告的所有权。

9.4.8.2 审核组长应确保审核报告的编制，并应对审核报告的内容负责。审核报告应提供对审核的准确、简明和清晰的记录，以便为认证决定提供充分的信息，并应包括或引用下列内容：

a) 注明认证机构；

b）客户的名称和地址及客户的代表；

c）审核的类型（例如初次、监督、再认证或特殊审核）；

d）审核准则；

e）审核目的；

f）审核范围，特别是标识出所审核的组织或职能单元或过程，以及审核时间；

g）任何偏离审核计划的情况及其理由；

h）任何影响审核方案的重要事项；

i）注明审核组长、审核组成员及任何与审核组同行的人员；

j）审核活动（现场或非现场，永久或临时场所）的实施日期和地点；

k）与审核类型的要求一致的审核发现（见9.4.5）、对审核证据的引用以及审核结论；

l）如有时，在上次审核后发生的影响客户管理体系的重要变更；

m）已识别出的任何未解决的问题；

n）适用时，是否为结合、联合或一体化审核；

o）说明审核基于对可获得信息的抽样过程的免责声明；

p）审核组的推荐意见；

q）适用时，接受审核的客户对认证文件和标志的使用进行着有效的控制；

r）适用时，对以前不符合采取的纠正措施有效性的验证情况。

9.4.8.3 审核报告还应包含：

a）关于管理体系符合性与有效性的声明以及对下列方面相关证据的总结：

——管理体系满足适用要求和实现预期结果的能力；

——内部审核和管理评审的过程；

b）对认证范围适宜性的结论；

c）确认是否达到审核目的。

9.4.9 不符合的原因分析

对于审核中发现的不符合，认证机构应要求客户在规定期限内分析原因，并说明为消除不符合已采取或拟采取的具体纠正和纠正措施。

9.4.10 纠正和纠正措施的有效性

认证机构应审查客户提交的纠正、所确定的原因和纠正措施，以确定其是否可被接受。认证机构应验证所采取的任何纠正和纠正措施的有效性。所取得的为不符合的解决提供支持的证据应予以记录。应将审查和验证的结果告知客户。如果为了验证纠正和纠正措施的有效性，将需要补充一次全面的或有限的审核，或者需要文件化的证据（需要在未来的审核中确认），则认证机构应告知客户。

注：可以通过审查客户提供的文件化信息，或在必要时实施现场验证来验证纠正和纠正措施的有效性。验证活动通常由审核组成员完成。

9.5 认证决定

9.5.1 总则

9.5.1.1 认证机构应确保作出授予或拒绝认证、扩大或缩小认证范围、暂停或恢复认证、撤销认证或更新认证的决定的人员或委员会不是实施审核的人员。被指定进行认证决定的人员应具有适宜能力。

9.5.1.2 认证机构指定的认证决定人员[不包括委员会（见6.1.4）成员]应为认证机构的雇员，或者是一个处于认证机构组织控制下的实体的雇员；或者与认证机构或上述实体具有在法律上有强制实施力的安排。认证机构的组织控制应为下列情况之一：

a) 认证机构拥有另一实体的全部或多数所有权；

b) 认证机构在另一实体的董事会中占多数；

c) 在一个通过所有权或董事会控制联结而成的法律实体网络中（认证机构处于其中），认证机构对另一实体有形成文件的权力。

注：对于政府认证机构，同一政府内部的其他部分可视为通过所有权与该认证机构相联系。

9.5.1.3 处于认证机构组织控制下的实体的雇员或与该实体有合同的人员，应同认证机构雇员或与认证机构有合同的人员一样满足本文件要求。

9.5.1.4 认证机构应记录每项认证决定，包括从审核组或其他来源获得的任何补充信息或澄清。

9.5.2　作出决定前的行动

认证机构在作出授予或拒绝认证、扩大或缩小认证范围、更新、暂停或恢复或者撤销认证的决定前，应有过程对下列方面进行有效的审查：

a）审核组提供的信息足以确定认证要求的满足情况和认证范围；

b）对于所有严重不符合，认证机构已审查、接受和验证了纠正和纠正措施；

c）对于所有轻微不符合，认证机构已审查和接受了客户对纠正和纠正措施的计划。

9.5.3　授予初次认证所需的信息

9.5.3.1　为使认证机构作出认证决定，审核组至少应向认证机构提供以下信息：

a）审核报告；

b）对不符合的意见，适用时，还包括对客户采取的纠正和纠正措施的意见；

c）对提供给认证机构用于申请评审（见9.1.2）的信息的确认；

d）对是否达到审核目的的确认；

e）对是否授予认证的推荐性意见及附带的任何条件或评论。

9.5.3.2　如果认证机构不能在第二阶段结束后6个月内验证对严重不符合实施的纠正和纠正措施，则应在推荐认证前再实施一次第二阶段。

9.5.3.3　当认证从一个认证机构转换到另一个认证机构时，接受认证机构应有过程获取充分的信息以作出认证决定。

注：特定认证方案可能有认证转换的具体规则。

9.5.4　授予再认证所需的信息

认证机构应根据再认证审核的结果，以及认证周期内的体系评价结果和认证使用方的投诉，作出是否更新认证的决定。

9.6　保持认证

9.6.1　总则

认证机构应在证实获证客户持续满足管理体系标准要求后保持对其的

认证。认证机构满足下列前提条件时,可以根据审核组长的肯定性结论保持对客户的认证,而无须再进行独立复核和决定:

a) 对于任何严重不符合或其他可能导致暂停或撤销认证的情况,认证机构有制度要求审核组长向认证机构报告需由具备适宜能力(见7.2.8)且未实施该审核的人员进行复核,以确定能否保持认证;

b) 由具备能力的认证机构人员对认证机构的监督活动进行监视,包括对审核员的报告活动进行监视,以确认认证活动在有效地运作。

9.6.2 监督活动

9.6.2.1 总则

9.6.2.1.1 认证机构应对其监督活动进行设计,以便定期对管理体系范围内有代表性的区域和职能进行监视,并应考虑获证客户及其管理体系的变更情况。

9.6.2.1.2 监督活动应包括对获证客户管理体系满足认证标准规定要求情况的现场审核。监督活动还可以包括:

a) 认证机构就认证的有关方面询问获证客户;

b) 审查获证客户对其运作的说明(如宣传材料、网页);

c) 要求获证客户提供文件化信息(纸质或电子介质);

d) 其他监视获证客户绩效的方法。

9.6.2.2 监督审核

监督审核是现场审核,但不一定是对整个体系的审核,并应与其他监督活动一起策划,以使认证机构能对获证客户管理体系在认证周期内持续满足要求保持信任。相关管理体系标准的每次监督审核应包括对以下方面的审查:

a) 内部审核和管理评审;

b) 对上次审核中确定的不符合采取的措施;

c) 投诉的处理;

d) 管理体系在实现获证客户目标和各管理体系的预期结果方面的有效性;

e) 为持续改进而策划的活动的进展;

f）持续的运作控制；

g）任何变更；

h）标志的使用和（或）任何其他对认证资格的引用。

9.6.3 再认证

9.6.3.1 再认证审核的策划

9.6.3.1.1 再认证审核的目的是确认管理体系作为一个整体的持续符合性与有效性，以及与认证范围的持续相关性和适宜性。认证机构应策划并实施再认证审核，以评价获证客户是否持续满足相关管理体系标准或其他规范性文件的所有要求。上述策划和实施应及时进行，以便认证能在到期前及时更新。

9.6.3.1.2 再认证活动应考虑管理体系在最近一个认证周期内的绩效，包括调阅以前的监督审核报告。

9.6.3.1.3 当管理体系、组织或管理体系的运作环境（如法律的变更）有重大变更时，再认证审核活动可能需要有第一阶段。

注：此类变更可能在认证周期中的任何时间发生，认证机构可能需要实施特殊审核（见9.6.4），该特殊审核可能需要或不需要两阶段审核。

9.6.3.2 再认证审核

9.6.3.2.1 再认证审核应包括针对下列方面的现场审核：

a）结合内部和外部变更来看的整个管理体系的有效性，以及认证范围的持续相关性和适宜性；

b）经证实的对保持管理体系有效性并改进管理体系，以提高整体绩效的承诺；

c）管理体系在实现获证客户目标和管理体系预期结果方面的有效性。

9.6.3.2.2 对于严重不符合，认证机构应规定实施纠正与纠正措施的时限。这些措施应在认证到期前得到实施和验证。

9.6.3.2.3 如果在当前认证的终止日期前成功完成了再认证活动，新认证的终止日期可以基于当前认证的终止日期。新证书上的颁证日期应不早于再认证决定日期。

9.6.3.2.4 如果在认证终止日期前，认证机构未能完成再认证审核或不能验证对严重不符合实施的纠正和纠正措施（见9.5.2.1），则不应推荐再认证，也不应延长认证的效力。认证机构应告知客户并解释后果。

9.6.3.2.5 在认证到期后，如果认证机构能够在6个月内完成未尽的再认证活动，则可以恢复认证，否则应至少进行一次第二阶段才能恢复认证。证书的生效日期应不早于再认证决定日期，终止日期应基于上一个认证周期。

9.6.4 特殊审核

9.6.4.1 扩大认证范围

对于已授予的认证，认证机构应对扩大认证范围的申请进行评审，并确定任何必要的审核活动，以作出是否可予扩大的决定。这类审核活动可以和监督审核同时进行。

9.6.4.2 提前较短时间通知的审核

认证机构为调查投诉、对变更作出回应或对被暂停的客户进行追踪，可能需要在提前较短时间通知获证客户后或不通知获证客户就对其进行审核。此时：

a）认证机构应说明并使获证客户提前了解（如在8.5.1所述的文件中）将在何种条件下进行此类审核；

b）由于客户缺乏对审核组成员的任命表示反对的机会，认证机构应在指派审核组时给予更多的关注。

9.6.5 暂停、撤销或缩小认证范围

9.6.5.1 认证机构应有暂停、撤销或缩小认证范围的政策和形成文件的程序，并规定认证机构的后续措施。

9.6.5.2 发生以下情况（但不限于）时，认证机构应暂停获证客户的认证资格：

——客户的获证管理体系持续地或严重地不满足认证要求，包括对管理体系有效性的要求；

——获证客户不允许按要求的频次实施监督或再认证审核；

——获证客户主动请求暂停。

9.6.5.3 在暂停期间，客户的管理体系认证暂时无效。

9.6.5.4 如果造成暂停的问题已解决，认证机构应恢复被暂停的认证。如果客户未能在认证机构规定的时限内解决造成暂停的问题，认证机构应撤销或缩小其认证范围。

注：多数情况下，暂停将不超过6个月。

9.6.5.5 如果客户在认证范围的某些部分持续地或严重地不满足认证要求，认证机构应缩小其认证范围，以排除不满足要求的部分。认证范围的缩小应与认证标准的要求一致。

9.7 申诉

9.7.1 认证机构应有受理和评价申诉并对之作出决定的形成文件的过程。

9.7.2 认证机构应对申诉处理过程各个层次的所有决定负责。认证机构应确保参与申诉处理过程的人员没有实施申诉涉及的审核，也没有作出申诉涉及的认证决定。

9.7.3 申诉的提出、调查和决定不应造成针对申诉人的任何歧视行为。

9.7.4 申诉处理过程应至少包括以下要素和方法：

a) 受理、确认和调查申诉的过程，以及参考以前类似申诉的结果，决定采取何种措施以回应申诉的过程；

b) 跟踪和记录申诉，包括为解决申诉而采取的措施；

c) 确保采取任何适当的纠正和纠正措施。

9.7.5 收到申诉的认证机构应负责收集和验证所有必要的信息，以确定申诉的有效性。

9.7.6 认证机构应确认收到了申诉，并应向申诉人提供申诉处理的进展报告和结果。

9.7.7 对申诉的决定应由与申诉事项无关的人员作出，或经其审查和批准，并应告知申诉人。

9.7.8 认证机构应在申诉处理过程结束时正式通知申诉人。

9.8 投诉

9.8.1 认证机构应对投诉处理过程各层级的决定负责。

9.8.2 投诉的提交、调查和决定不应造成针对投诉人的任何歧视行为。

9.8.3 认证机构在收到投诉时，应确认投诉是否与其负责的认证活动有关，并在经确认有关时予以处理。如果投诉与获证客户有关，认证机构在调查投诉时应考虑获证管理体系的有效性。

9.8.4 对于针对获证客户的有效投诉，认证机构还应在适当的时间将投诉告知该客户。

9.8.5 认证机构应有受理和评价投诉并对之作出决定的形成文件的过程。该过程涉及投诉人和投诉事项的方面应满足保密要求。

9.8.6 投诉处理过程应至少包括以下要素和方法：

a) 受理、确认和调查投诉的过程，以及决定采取何种措施以回应投诉的过程；

b) 跟踪和记录投诉，包括为回应投诉而采取的措施；

c) 确保采取任何适当的纠正和纠正措施。

注：ISO 10002 为投诉的处理提供了指南。

9.8.7 收到投诉的认证机构应负责收集与核实对投诉进行确认所需的一切信息。

9.8.8 在可能时，认证机构应确认收到了投诉，并应向投诉人提供投诉处理的进展报告和结果。

9.8.9 对投诉的决定应由与投诉事项无关的人员作出，或经其审查和批准，并应告知投诉人。

9.8.10 在可能时，认证机构应在投诉处理过程结束时正式通知投诉人。

9.8.11 认证机构应与获证客户及投诉人共同决定是否应将投诉事项公开，并在决定公开时，共同确定公开的程度。

9.9 客户的记录

9.9.1 认证机构应对所有客户（包括所有提交申请的组织、接受审核的组织和获得认证或被暂停或撤销认证的组织）保持审核及其他认证活动的记录。

9.9.2 获证客户记录应包括以下内容：

a）申请资料及初次认证、监督和再认证的审核报告；

b）认证协议；

c）适用时，多场所抽样方法的理由；

注：抽样方法包括为审核特定管理体系和（或）在多场所审核中选取场所而做的抽样。

d）确定审核时间的理由（见9.1.4）；

e）纠正与纠正措施的验证；

f）投诉和申诉及任何后续纠正或纠正措施的记录；

g）适用时，委员会的审议和决定；

h）认证决定的文件；

i）认证文件，包括与产品（包括服务）、过程相关的认证范围，适用时，包括每个场所相应的认证范围；

j）建立认证的可信度所需的相关记录，如审核员和技术专家能力的证据；

k）审核方案。

9.9.3 认证机构应保证申请组织和客户记录的安全，以确保满足保密要求。运送、传输或传递记录的方式应确保保密。

9.9.4 认证机构应有关于记录保存的形成文件的政策和程序。获证客户及以往获证客户的记录保存期应为当前认证周期加上一个完整的认证周期。

注：某些情况下，记录需按法律规定保存更长的时间。